정권이 아닌 약자의 편에 서라

정권이 아닌 약자의 편에 서라

제1판 제1쇄 발행일 2014년 6월 23일

글 | 최승호, 지승호
기획 | 손석춘, 지승호, 책도둑(박정훈, 박정식, 김민호)
디자인 | 이안디자인
펴낸이 | 김은지
펴낸곳 | 철수와영희
등록번호 | 제319-2005-42호
주소 | 서울시 마포구 월드컵로 65, 302호 (망원동, 양경회관)
전화 | (02)332-0815
팩스 | (02)6091-0815
전자우편 | chulsu815@hanmail.net

ISBN 978-89-93463-56-9 03300

철수와영희 출판사는 '어린이' 철수와 영희, '어른' 철수와 영희에게 도움 되는
책을 펴내기 위해 노력하고 있습니다.

정권이 아닌 약자의 편에 서라

뉴스타파 최승호 피디의 한국 언론 이야기

최승호와 지승호의 대자보

철수와영희

엄혹한 시대에 진실을 알리는 언론을 위해

'기레기'라는 말이 인터넷상에서 유행하고 있다. 이명박 정권에 이어 박근혜 정권까지 언론 장악에 성공하면서 제대로 된 보도가 나가지 않거나, 보도가 되어야 할 내용이 보도되지 않는 데 대한 불만이 누적되어 '기자'와 '쓰레기'를 합친 신조어가 생긴 것이다. 정치, 사회, 경제 등 모든 분야에서 비판적 역할을 견지해야 하고, 감시자의 역할을 맡아야 할 언론의 중요성에 대해서는 새삼 언급할 필요가 없을 것이고, 민주주의가 후퇴하는 이런 상황에서 언론의 책임 방기에 대한 지적 역시 언론인들은 겸허하게 받아들이고, 뼈저리게 반성해야 할 것이다. 다행히 젊은 기자들 사이에서 그런 자성의 목소리들이 나오고 있다.

'피떡 수첩'이라는 말이 나올 정도로 이명박 정권에서 전방위의 탄압을 받았던 〈PD수첩〉 제작진이 펴낸 『응답하라! PD수첩』의 추천사에서 〈시사IN〉 주진우 기자는 "지구가 멸망해 텔레비전 프로그램이 하나만 남는다면 그것은 〈PD수첩〉일 것이다"라고 했다. 20년이 넘게 숱한 화제를 뿌리며 방송됐던 〈PD수첩〉을 통해 여러 기라성 같은 피디들이 등장했지만, 그중 딱 한 명을 꼽으라면 최승호 피디를 꼽을 수 있을 것이다.

그는 황우석 사태 당시 책임 피디였으며, '검사와 스폰서', '4대강, 수심 6미터의 비밀' 등 한국 사회에서 엄청난 파장을 일으켰던 내용들을 취재, 보도한 바 있다. 2005년 〈PD수첩〉 15주년 방송 클로징 멘트에서 "능력이 모자라서 제대로 비판하지 못한 적은 많았지만, 압력 때문에 피해 간 적은 없었다"고 말한 바 있는데, 그것은 그의 전 언론인 경력을 통해 압력에 굴하지 않았다는 것을 증명했다.

그는 김재철 사장 재임 당시 "언론사가 언론인에 의해서 이렇게 망가질 수 있다는 것은 부끄러운 일이다. MBC가 과거에도 문제가 있었던 적이 있지만, 이 정도로 망가진 적은 없다. MBC, KBS, YTN, 〈연합뉴스〉의 연대 파업은 대한민국 언론사에서 처음 일어났던 엄청난 일인데, 그럼에도 불구하고 실제로 현실을 바꿔내지 못한 점이 상당히 우려스럽다"는 심경을 전한 바 있다.

그는 2008년 KBS 정연주 사장의 해임 당시 인터뷰에서 "MBC는 KBS와 다르다. MBC는 쉽게 무너지지 않는 조직이다", 2012년 MBC에서 해직된 후에는 "김재철 사장이 나간 뒤 다른 사장이 오면 문화방송에 상식이 회복되리라 믿는다"라는 희망을 피력했지만, 지금 언론 상황은 더욱더 나빠졌다.

최승호 피디는 지금의 상황에 대해 "언론이라는 관점에서 보면 최악의 암흑기로 기억될 것이다. 전두환 정권 때까지는 아니더라도, 공영방송 내부의 자율성 측면에서 보면 노태우 정권 때보다도 훨씬 못한 것 같다"는 의견을 피력했다. 이대로 방치한다면 아마 상황은 더욱더 나빠질 것이다.

최승호 피디에게 한국 언론의 현주소와 앞으로의 전망, 언론인으로서의 자세 등에 관해 물었다. 쉽게 날 수 있는 결론은 아니겠지만, 〈뉴스타파〉 같은 매체, 최승호 피디 같은 언론인들에게 희망을 걸고, 같이 연대해서 한 걸음씩 나아갈 수밖에 없을 것 같다는 생각이 들었다.

다음은 최 피디가 언론의 역할에 대해 한 말이다.

"저널리스트가 구조적으로 약자인 쪽에 서 있을 때 강자들이 굴복시키려고 한다는 거야 충분히 예상할 수 있는 일이다. 다만 그걸 어떻게 극복하느냐 하는 점이 중요한 것이다. 우선 철저하게 사실 확인을 해서 정확한 보도를 해야 하고, 그래도 그 부분에 대해 강자들이 체계적으로 옭아매서 올가미를 씌운다면, 올가미를 써야 한다. 올가미를 쓰는 수밖에 방법이 없다. 올가미를 쓰고 싶지 않다고 해서 피하면 그것은 더 이상 저널리즘이라고 할 수가 없다."

최승호 피디는 자신의 말을 실천해온 언론인이고, 현장에서 취재하는 것을 천직으로 아는 언론인이다. 이 엄혹한 시대에 진실을 알리고자 고군분투하는 최승호 피디를 비롯한 참언론인들에게 응원의 박수를 보내고 싶다.

지승호 드림

1부
권력과 방송

공영방송, 보수정권의 전리품이 되다

지승호: MBC는 어제 오전 인사위원회를 열어 지난 2008년 방송된 〈PD수첩〉'미국산 쇠고기, 과연 광우병에서 안전한가' 프로그램 제작진에게 징계를 내렸습니다. 조능희·김보슬 피디는 정직 1개월, 송일준·이춘근 피디는 감봉 2개월을 받았는데요, 현 정권의 언론 상황을 보여주는 상징적인 사건 중 하나가 될 것 같습니다. [1]

1) 최승호와 지승호의 대담은 2014년 4월 8일 이루어졌다.

최승호: 안광한 사장을 비롯한 경영진들이 보수·극우 세력들에게 보내는 선물이죠. 자기네들의 생존을 위해서 바치는 전리품이라고 할까요? 법원은 1심에서 징계가 부적절하다고 했고 2심에서는 징계가 과하다고 판결했습니다.[2] 사측에서는 이를 '징계할 수는 있다'는 것으로 자기들 마음대로 해석하면서 하지 말아야 할 징계를 굳이 한 거예요. '당신들을 화나게 한 광우병 제작진을 혼내주겠다, 6년이 지난 지금도 당신들에게 준 그 고통을 잊지 않고 있다, 보답을 해주겠다'는 메시지를 준 겁니다. 파업 이후에 수많은 갈등으로 MBC의 경쟁력이 급격히 떨어지고 있을 때입니다. 새로운 사장이 왔으면 조금

2) 2009년 6월 검찰은 〈PD수첩〉 조능희 프로듀서 등 제작진 다섯 명을 명예훼손 혐의로 기소한다. 이에 서울중앙지법은 "허위보도가 아니기 때문에 허위사실 적시에 의한 명예훼손과 업무방해 혐의는 모두 무죄"라고 판단한다. 2심에서도 재판부는 보도 내용 중 일부가 사실이 아니라는 점은 인정했지만 "고의가 아닌 실수였고, 방송 당시에는 사실로 믿을 만했다"고 판단했다. 검찰의 항소가 이어졌으나 2011년 9월 2일 대법원은 '쇠고기 협상 보도'가 공익적 사안이라는 점에서 제작진의 명예훼손 혐의에 대해서 최종적으로 무죄를 선고한다. 그럼에도 MBC 경영진은 조능희·김보슬 피디에 대해 정직 3개월, 송일준·이춘근 피디에 대해 각각 감봉 6개월의 징계를 내린다(2011년 9월 20일). 이에 제작진은 '정직처분 등 취소소송'을 제기했으며 1심 법원이 '징계무효'라는 판결을 내리자 사측은 징계 처분을 취소한다(2012년 12월 28일). 2심에서도 법원은 "허위인 내용을 보도한 것에 있어 어떠한 고의가 있다고 할 수 없다"며 "중징계 처분은 사회통념상 현저하게 타당성을 잃은 것으로서 징계재량권을 일탈·남용한 위법이 있다"며 제작진의 손을 들어주었다. 그러면서도 한편으로 "회사의 이미지가 손상되어 징계 사유가 존재한다"는 점을 인정한다. 결국 〈PD수첩〉 제작진 네 명은 '취업규칙과 방송강령' 위반으로 인사위원회에 회부된다.

이라도 그런 것을 해소하고자 노력해야지요. 화합을 통해서 새 출발 하자고 이야기하는 것이 지극히 정상적이거든요. 어떤 조직이든 살아남으려면, 대다수 구성원의 생각을 받아들이려고 노력해야 하잖아요. 하지만 그러지 않았습니다. 취임하자마자 〈PD수첩〉 '광우병' 편 제작진부터 징계했어요. 대다수 구성원의 의사에 반하는 징계를 내리면 그 조직이 생명력을 가질 수 있겠어요? 그걸 알면서도 한 겁니다. MBC라는 공영방송이 어떻게 되든 상관없이 자기는 오로지 충성만 하겠다는 겁니다. 저는 안 사장이 보수·극우 세력에게 자기 진정성을 내보인 거로 봅니다.

지승호: 그분들은 대체로 경쟁력을 얘기하고, 시청률을 얘기하지만, 실제 행동은 정반대인 것 같습니다. 인기 있는 진행자라도 자기네 마음에 안 들면 잘라내는 식의 행태를 보여왔는데요. 그분들의 멘탈을 알아야만 이 상황을 이해할 수 있을 것 같아요.

최승호: 멘탈은 간단해요. 복잡한 게 아니고. MBC를 국민의 재산인 공영방송으로 보지 않는 거죠. 안광한 씨가 MBC에서 30년 정도 일했을 거예요. 그러면 오랫동안 자기를 키워주고, 가장 역할을 할 수 있게 도와준 조직에 감사해야 하잖아요. 그러면 사장이 되었으니 '회사를 잘 살려야겠다, 내 청춘을 바친 조직이니까', 이런 게 보편적인 정서라고 할 수 있는데요. 이 사람은 그렇지 않은 거예요. 자기 개인의 이익을 훨씬 더 위에 갖다놓는 거죠. 그걸 위해서라면, 젊은 시절을 보낸 직장이자 자기 삶의 근거지였던 곳이 망가지는 것도 감수할 수 있다는 멘탈리티를 가진 사람인 겁니다.

지승호: 언론인이니까 역사에 대한 인식도 있을 것이고, 지금의 결정이 나중에 어떻게 평가될지에 대한 생각도 해야 할 것 같은데요.

최승호: 그런 생각은 별로 없을 거예요. 영원히 자기네 결정이 옳다

고 믿거나, 어쩌면 멀리 생각하지 않고 단기적인 이익을 좇아서 그랬을 수도 있어요. MBC 경영진이라든지 국장급 간부들이 자기네들끼리 얘기하는 것을 들어보면 그래요. 그걸 옆에서 지켜본 사람들은 회사가 망할 때까지 뜯어먹자는 태도라고 한탄들을 많이 해요. 사실 MBC라는 공영방송을 생각한다면, 생명력을 가진 회사 조직의 일원이라면 결코 할 수 없는 결정들을 계속하거든요. 그러면서 계속 자리를 지키고 있는 거죠. MBC에 그런 멘탈리티를 가진 사람들이 많지는 않아요. 그런데 소규모 그룹들, 보수·극우에 충성을 다하면서 MBC를 뜯어먹는 사람들이 번갈아가면서 자리를 차지하는 거죠.

지승호: 지금 경영진들의 밀어붙이기가 계속 먹히고 있고, 대다수 구성원은 밀리는 것으로 보이는데요. 2012년에는 MBC가 170일간의 파업을 하지 않았습니까? 돌이켜볼 때 MBC 파업 성과를 어떻게 평가하십니까?

최승호: 사실상 성과가 있었다고 얘기하기가 어려운 상황이죠. 해고와 징계를 받고 많이들 떠났습니다. 어떻게 보면 진실과 정의를 위한 희생이었는데요. 이익집단과 같은 세력들의 너무나 강고한 연대에 부딪히면서 결국 목적 달성을 못 했습니다. 거기다 2012년 대선 결과 보수세력이 재집권하면서 보복이 이어지는 상황이죠. 당시 파업의 성과가 무엇이다, 이야기하기가 참 어렵습니다.

지승호: 많은 분이 얘기하기를, 공정보도가 안 되는 상황에서 후세에게 우리의 저항을 알리기 위해서라도 파업을 할 수밖에 없었다고 하는데요. 밖에서 편하게 보는 시각일 수도 있습니다만, 어떤 분들은 길게 보고 내부에서 싸웠어야 하지 않느냐는 얘기도 하거든요. 결과론적인 이야기이긴 하지만요.

최승호: 파업을 하지 않을 수가 없었어요, 너무 심했기 때문에. 그 정

도 상황에서도 파업을 하지 않고 그 안에 남는다는 것은 굴종을 의미했거든요. 불가피한 상황이었습니다. 1970년대 동아투위도 열심히 싸웠지만, 결국은 진 거잖아요. 패배하고 쫓겨났지만, 지금은 많은 분이 당시 언론을 죽이려는 권력 앞에서, 비판정신의 심장과 불꽃을 살리면서 자유언론의 정통성을 이어가려는 중요한 싸움이었다고 평가하잖아요. MBC 노동조합의 지난 투쟁도 마찬가지일 거로 생각해요.

지승호: 가시적으로 드러난 성과는 많지 않더라도 싸움의 정신이나 의미는 계승될 거라는 말씀이시군요. 어차피 정치하고도 엮인 큰 싸움이었기 때문에.

> **최승호**: 결국은, 언젠가는 그 정신이 다시 살아날 거라고 생각하고 있죠.

"김재철 사장을 지키라"

지승호: 1월 17일에 해고 무효확인 소송에서 승소하셨잖아요. 공정보도를 내건 파업의 정당성을 인정하는 의미 있는 판결이었는데요. 지금의 시대적 상황에 비춰 볼 때 전향적인 판결이었던 것 같은데, 거기에 의미를 부여하는 사람은 많지 않은 것 같습니다.

> **최승호**: 아니에요. 아는 사람들은 어마어마한 의미를 부여합니다. 대법원 판례로 확정되면, 예를 들어 김재철 같은 자가 MBC에서 그랬던 것처럼 또다시 독재를 하고 전횡을 하는 것이 쉽지 않아질 겁니다. 왜냐하면 여기에 저항하는 노동조합의 파업권을 인정하는 거니

까요. 즉 법원이 방송인은 공정한 방송을 해야 할 의무가 있다고 인정한 거거든요. 이를 방해하고 막는 시도가 있다면 파업이라는 수단을 통해서 항거하고 투쟁하는 것이 정당하다고 판결한 거예요. 과거에는 임금 인상을 위한 파업, 근로조건 개선을 위한 파업이 아니면 정당성이 없다고 판결했는데요, '공정방송'도 일종의 '근로조건'에 해당한다고 본 거죠. 그동안 우리가 누누이 주장해왔던 바이기도 하고요. 사실 MBC 노동조합이 그동안 어마어마하게 많은, 소위 '불법 파업'을 해왔는데, 단 한 번도 월급을 올리려고 한 적이 없었어요. 항상 공정보도를 위한 파업이었죠. MBC 노조 입장에서는 공정방송이야말로 가장 근본적인 근로조건인 겁니다. 그 부분을 법원이 인정한 거니까 굉장히 의미 있는 판결이죠.

지승호: 판결이 나긴 했지만 회사나 검찰 측이 항소할 거고, 앞으로 상황이 달라질 수도 있지 않을까요. 사실 작년 11월에 이상호 기자 역시 해고무효 판결을 받았지만, 아직 복직되지 못하고 있는데요. 어떻게 보십니까. 대법원 판결까지 가려면 몇 년이 걸릴 수도 있고요.

최승호: YTN 해고자들은 2008년에 해직됐는데 아직도 대법원 판결이 나지 않았어요. 우리도 마찬가지겠죠.[3] 박근혜 정부가 지나야 할 것 같아요.

> 3) 2008년 7월 17일 YTN은 날치기 주총을 통해 이명박 대선 캠프에서 활동한 구본홍을 사장으로 선임한다. 이에 반발한 YTN 노조는 낙하산 인사 반대를 위한 파업에 돌입한다. 그해 10월 사측은 노조명 위원장 등 기자 6명을 전격 해고하는 등 보복 인사를 단행한다. 노조는 사측의 징계가 부당하다며 소송을 냈고 법원은 1심에서 해고무효 판결을 내린다(2009년 11월). 그러나 이어진 2심에서 재판부는 6명 가운데 3명에 대한 해고는 정당하다고 판결한다(2011년 4월). 현재 대법원 판결을 기다리고 있다.

지승호: 대법원 판결이 나고 복직이 되도 시간이 너무 걸리기 때문에 MBC에서 다시 방송을 한다는 게 거의 불가능할 것 같은데요. 그쪽에서는 그 시간 동안 얻을 것은 다 얻게 되고 회사 입장에서는 손

해배상을 한다고 해도 생각보다 큰돈은 아닐 거고요.

최승호: 저는 복직이 안 되고 있는 상황이지만 〈뉴스타파〉(한국 탐사 저널리즘 센터)에서 일하고 있기 때문에 개인적으로는 좋은 시간을 보내고 있어요. MBC에서 그랬던 것처럼 열심히 일하고 있고, 충분히 보람을 얻고 있기에 설사 돌아갈 수 없는 상황이 되더라도 크게 유감은 없어요. MBC에서 내가 할 수 있는 일은 웬만큼 했으니까요. 그러나 이제 한창 꽃을 피울 나이인 후배들이 돌아가지 못하는 것은 참 안타깝고, 우리 사회를 위해서도 엄청난 낭비라고 생각합니다.

지승호: 말씀하신 데로, 지금 〈뉴스타파〉에서 방송을 하고 있으시고, 이상호 기자도 〈GO발뉴스〉를 진행하고 있긴 한데요. 그래도 아쉬움은 남습니다. 열심히 일하고 싶은 언론인들이 그럴 수 없는 환경이잖아요. 아무도 이런 상황에 책임을 지지 않기 때문에, 이런 일들이 반복되지 않나 하는 생각이 듭니다. 비약일지 모르지만, 해방 후 친일파들이 아무런 책임을 지지 않고 오랜 시간 기득권을 누려온 우리의 역사적 상황과 비슷한데요. 미국의 경우는 과거 매카시즘 열풍에 기대어 동료들을 팔아넘겼던 엘리아 카잔 감독이 할리우드에서 배신자로 낙인찍히잖아요.[4] 부당한 해고를 남발하고 방송을 망가뜨린, 그런 사람들에게 책임을 물을 방법은 없는 건가요?

> 4) 1950년 미국 공화당 상원의원인 매카시는 "미국 정계, 관계, 연예계, 군부에 공산주의자가 득실거린다"며 그 명단을 갖고 있다고 선언한다. 이때부터 공산당원 검거가 전방위적으로 이뤄지면서 사회 각 분야에서 마녀사냥이 벌어진다. 영화계에서는 1952년 〈에덴의 동쪽〉, 〈욕망의 이름이라는 전차〉 등의 작품으로 유명한 영화감독 엘리아 카잔이 미국 하원 반미(反美)활동위원회에서 공산당원이었던 자신의 과거를 고백하면서 동료를 밀고하고 그 대가로 면죄부를 받는다. 이 일로 그는 미국 예술계에서 배신자로 낙인찍힌다.

최승호: 우리도 그런 움직임이 있었죠. 이미 피디협회라든지 기자협회에서 해고 조치에 동조한 임원 등을 제명시켰어요. 2012년 MBC, KBS, YTN, 〈연합뉴스〉가 참여한 언론노조 파업 때 그랬습니다. 하지

만 그 정도로는 성에 안 차죠. 현실적으로 어떤 불이익을 줄 수 있을지도 모르겠고요. 그보다 중요한 것은 MBC를 정상화시킴으로써 그들이 저지른 잘못을 바로잡는 겁니다. 제대로 청산하고, 기록으로 남기고. 가능하다면 개개인들이 입은 손해에 대해서 구상권을 청구한다든지 하는 방법도 있겠죠. 그때 가서 시효가 남아 있을지는 모르겠지만, 일단 그런 생각이 드네요.

지승호: 2012년 해직된 후 인터뷰에서 "김재철 사장이 나간 뒤 다른 사장이 오면 MBC에 상식이 회복되리라 믿는다"라고 말씀하셨지요. 또 KBS 정연주 사장이 해임될 당시 "MBC는 KBS와 다르다. MBC는 쉽게 무너지지 않는 조직"이라고 하셨습니다. 희망적인 말씀을 하신 걸 텐데, 지금 방송과 언론이 그때보다 악화된 게 사실이고 쉽게 회복될 기미가 보이지 않는 상황 아닌가요.

최승호: 2008년 당시 KBS에서 정연주 사장이 쫓겨날 때가 이명박 대통령의 임기 초기였으니까요. 나빠질 수밖에 없는 상황이었죠. MBC는 그 당시 엄기영 사장이었잖아요. 임기 첫해였기에 MBC는 그래도 중간은 할 거라고 봤던 겁니다. 실제로 엄기영 사장이 어느 정도 버텼어요. 2010년 초까지는 MBC가 그래도 괜찮았잖아요. 제가 〈PD수첩〉에서 '검사와 스폰서'편도 방송하고, 4대강 사업에 대해서도 비판하고 그랬죠. 쉽게 무너진 것은 아닙니다. 그렇지만 2년 지나고 난 뒤에 이명박 대통령이 김재철을 내려보내면서 본격적인 방송 장악이 시작됐어요. 그래도 저항은 계속됐어요. 김재철이 MBC 사장이 된 뒤에 파업도 했고, '4대강, 수심 6미터의 비밀'을 방송한 것도 김재철 시대였습니다. 그러다가 2011년 초에 저를 포함해서 경험 있는 피디들을 〈PD수첩〉에서 대거 몰아내면서 MBC가 완벽히 장악되기 시작했죠. 그때까지 3년 정도는 MBC가 나름대로는 역할을 하던 시기였어요. 심지어 2010년쯤에는 MBC의 신뢰도와 영향력이 거의 최고였을 겁니다. 그러다 1, 2년 지나고 김재철 사장 시대

가 되면서 완전히 바뀐 거죠. 저는 김재철이 물러나면 당연히 그것보다는 나을 거라고 봤어요. 파업을 푸는 단계에서 박근혜 당시 새누리당 후보가 한 약속도 있고요. 당시 박근혜 후보는 파업을 풀면 김재철 씨 문제를 정리하겠다고 약속했어요. 그 약속을 믿고 파업을 푼 거거든요. 김재철이라는 사람은 거의 최악의, 일말의 기준도 없는 사람이었기에 누가 되든 그것보다는 훨씬 더 나을 거라고 낙관했던 겁니다. 그런데 대통령이 된 박근혜는 약속을 지키지 않았죠. 방송문화진흥회(방문진)[5] 이사들이 한 번 해임 시도를 하긴 했지만, 새누리당과 청와대가 힘으로 눌러서 결국은 철회시켰죠. 박근혜 대통령이 약속을 완벽하게 어기고 뒤통수를 친 셈이 된 겁니다. 그랬으니까 어떻게 할 수가 없는 거죠. 그렇다고 또 파업을 할 수도 없는 상황이었고요.

> 5) 1988년 방송문화진흥회법에 근거하여 설립된 비영리 공익법인. MBC의 대주주로서 사장 임명권, 해임권 등을 갖는다. 방문진 이사는 방송통신위원회(방통위)가 임명하는데, 방통위원장을 대통령이 임명하기 때문에 정치권력에서 자유로울 수 없다는 지적이 계속되고 있다.

지승호: 김재철 전 사장의 경우 법인카드 사적 유용에다 스캔들 의혹까지 있었는데, 그런 사장 하나 바꾸기가 그렇게 어렵다는 걸 느끼게 했지요.

최승호: 우리 언론 구조가 그만큼 파행적이기 때문에 그렇게 된 거죠. 170일 동안 파업을 했는데, 그 과정에서 이른바 보수언론들은 우리 싸움의 이유에 대해서 기사를 제대로 내보내지 않았습니다. 사설 한 번 쓰지 않은 곳도 있었어요. 많은 동료 언론인들의 싸움을 무시하고, 짓밟는 현상이 일어났단 말이죠. 우리가 언론인으로서 싸웠지만, 언론 내부에서도 제대로 이슈화해낼 수 있는 공간들이 없었고, 그런 면에서 이것이 국민적 관심사로 자리하는 데 한계가 있지 않았나 하는 생각이 들어요. 최종적으로 우리가 좌절을 맛봤던 것은 권력의 핵심이 약속을 지키지 않았기 때문입니다. 철저하게 권력의 논

리만 관철되었지요.

당시 권력 실세가 방문진에서 진행되던 MBC 정상화 프로세스에 개입했습니다. 그때 새누리당 선거대책 본부장이던 김무성 의원이 전화로 "김재철 사장을 지키라"고 지시했는데 이런 사실이 국민들에게 제대로 알려지지 않았어요. 목격자가 있고, 증인도 있어요. 게다가 그 일을 추진하던 여당 측 방문진 이사가 자기 입으로 "누군가 나한테 전화로 중지를 요청했다. 그래서 더 이상 진행할 수가 없다. 나한테 얘기하지 말고 힘센 사람들에게 이야기하라"고 말한 사실이 일부 언론이었지만 분명히 보도되었어요. 하지만 대부분의 언론에서는 "노조의 일방적 주장으로 새누리당에서는 이를 부인한다"는 식이었지요. 왜곡된 언론 현실 속에서 국민들에게 제대로 진실이 전달되기가 얼마나 어려운지 다시 한 번 절감했습니다. 사회의 모순을 언론이 걸러내고 진실을 가려내는 역할을 하지 못하는 상황에서 대한민국이 새로운 단계로 발전할 수 있을 것인가 하는 의문을 가지게 되었습니다.

"폭도가 광주 MBC에 불을 질렀다"

지승호: '국장 책임제' 때문에 취재 내용에 대해 사장이나 경영진이 간섭할 수 없었던 것이 MBC와 〈PD수첩〉의 힘이었는데요. 그것이 김재철 사장 체제하에서 무력화되지 않았습니까?

최승호: 김재철 사장이 들어오고 난 뒤에 해당 내용이 명시된 단체협약을 해지해버렸죠. 그 후 국장 책임제는 아니지만, 본부장 총괄 책임제 정도로 해서 노조가 양보하고 합의한 단체협약이 있습니다. 거기 공정방송에 관한 조항들도 들어 있었습니다. 문제가 생길 경우

공정방송협의회를 노사가 공동으로 개최해서 논의하고, 만약 간부가 문제면 그 사람에 대한 처벌을 요구할 수 있는 조항이 있거든요. 김재철 사장이 이 협약을 지키는 시늉만 했어도 우리가 파업에 들어가지 않았을 겁니다. 그런데 그걸 전혀 지키지 않았단 말이죠. 노조가 협약에 명시된 공정방송협의회를 요구해도 사장이 계속 거부했습니다. 편파방송을 계속해도 노조가 따질 수가 없었죠. 단체협약에 사인까지 해놓고, 문안의 잉크가 마르기도 전에 안 지켜버리니까 방법이 없었어요. MBC 노조가 파업에 들어갈 수밖에 없었습니다. 약속을 약속이라고 생각하지 않는 사람과 대화를 한다는 것이 정말 어려운 것이란 것을 그때 느꼈습니다.

지승호: 사측은 노조가 정치적이고, 〈PD수첩〉을 비롯한 프로그램들이 그동안 정치적 편향을 보였다고 주장하고 있는데요.

최승호: 그렇게 말할 자격이 없습니다. 본인들도 자기들이 얼마나 편파적인지 잘 알 거예요. 대선 기간에 사실상 새누리당 선거운동원 역할을 했거든요. MBC가 과거에도 문제가 있었던 적이 있지만, 제가 생각하기에는 이 정도로 망가진 적은 없습니다. 과거 군사정권 때와 비교해도 부끄러운 수준이에요. 그럼에도 자기들은 문제가 없다, 오히려 노조가 정치적이다, 이렇게 얘기하는 것은 언어도단이죠.

지난 대선 과정을 볼까요? 예를 들어 선거운동 막바지에 안철수 전 후보가 후보 사퇴 선언 이후에 문재인 후보를 지지하는가, 안 하는가가 중요한 이슈였습니다. 당시 안철수 후보가 캠프 해단식을 하면서 문재인 후보를 성원해달라, 지지한다는 입장을 발표했어요. 물론 강한 톤으로 하지 않았다고는 하지만, 어쨌거나 입장을 명확히 밝힌 겁니다. 그런데 당시 MBC 보도에는 이게 안 나와요. 기자가 집어넣은, 문 후보를 지지한다는 안 후보의 육성을 데스크 하는 과정에서 빼버렸어요. 그러고는 제목이 '기존 입장 재확인', '새로운 시작', 이렇게 나갑니다. 안철수 후보가 문재인 후보에 대한 지지보다는 자기네 입장을 가지고 독자적인 행보를 하기로 했다고 보도하는 겁니다. 가장 핵심적인 것을 빼고 왜곡을 해버리는 거죠.

또 있어요. 박근혜 후보의 펀드가 순식간에 엄청난 성과를 거뒀다고 대대적으로 보도하면서, 야당 후보인 문재인 후보의 펀드 같은 경우 단시간에 많이 걷혔음에도 아예 보도를 안 했어요. 모든 국면에서 편파적이라고 얘기할 수 있습니다. 본인들은 아니라고 하지만, 국민들은 그렇게 받아들이지 않았을 겁니다. 지금은 MBC 뉴스 자체에 대한 신뢰도가 워낙 많이 떨어져 있기 때문에 그것이 얼마나 대선에 영향을 주었을 것인가 하는 부분은 다른 문제지만, MBC 역사에서는 치욕적인 거죠. 언론사(言論史)에서도 언론이 이 정도까지 망쳐질 수 있다, 그것도 언론인 스스로에 의해서 이렇게 될 수 있다는 것을 보여준 부끄러운 사례입니다.

1980년에 이진희라는 사람이 MBC 사장으로 온 적이 있는데요. 〈서울신문〉 주필로 있을 때 전두환을 띄웠던 사람입니다. 그 사람은 MBC에 오자마자 공정보도를 위해 제작 거부를 주도하거나 말 안 듣는 사람들을 대대적으로 잘라냈습니다. 심지어는 광주항쟁 때 이득렬 당시 앵커가 "폭도가 광주 MBC에 불을 질렀다"는 멘트를 했는데요, 거기에 대해 "지금 같은 예민한 상황에서는 좀 용어를 가려 써야 하지 않겠느냐?" 하는 정도의 얘기를 했던 노성대 부국장이 바로 붙잡혀 갔어요. 사적인 대화였을 뿐인데 권력에서 이걸 어떻게 알았을까요? 이건 뭘 의미하느냐 하면 MBC 내부에서 정권에 알려줬다는 거거든요. 그러고는 전두환 장군을 스튜디오에 불러놓고 이진희 사장이 직접 출연해서 "좋으나 싫으나 국가를 책임지고 나가야 할 입장에 있다"고 전두환 장군을 띄웁니다. 그랬던 이진희 씨는 MBC 사장을 마치고 문화공보부장관으로 '영전'해요.

그보다 더하다고는 말하지 못하겠지만, 지금도 그런 사람이 있어요. 그 옛날 군사독재 정권 시절에 이진희 사장이 보여줬던 행태와 똑 닮은 일들이 30년 이상 지난 오늘날 또다시 벌어지고 있어요. 세계는 하루가 다르게 진보해나가고 있는데, 유독 대한민국만 예외인 걸까요. 그동안 많은 국민들이 사랑해왔던 MBC라는 공영방송에서 왜 이런 일이 벌어지는지, 그 이유에 대해 많은 성찰이 필요한 것 같습니다. 안타까운 건 그러한 퇴보의 주체들이 모두 MBC 내부에서 나왔다는 점입니다. 김재철 사장, 그 측근들, 하수인들이, 후배들을 잘라내는 인간 백정 노릇을 하는 사람들이 다른 데서 날아 들어온 사람이 아니라, 수십 년 동안 같이 MBC에서 일한 사람들이라는 거예요. 한솥밥을 먹고, 같이 일하고, 이야기하고, 술 마시고, 한때는 노조운동도 함께했던 사람들이란 말이죠. 이 사람들이 지금까지 벌여온 일들을 보면, 인간에 대한 회의도 느끼지만 동시에 그동안에 지속되어온 우리 내부의 한계와 모순에 대해서도 생각하게 됩니다.

지승호 : 거기에는 방송을 장악하려는 보수세력들의 일관된 의지도 한몫하는 것 같습니다. 예컨대 이명박 대통령에 이어 박근혜 대통령도 꾸준히 시스템을 장악하고 있잖아요. 물론 이명박이 더 나쁜 짓을 많이 했을지는 몰라도 그 덕에 박근혜가 편하게 권력을 휘두를 수 있는 상황이 된 것이기도 하니까요.

'땡박' 언론의 탄생

최승호 : 언론에 대해 똑같이 나쁜 짓을 했지만 두 사람은 스타일이 다릅니다. 잠깐 박근혜 대통령에 대해 말씀을 드리자면, 이 분은 자기가 저질러놓고도 딴 얘기를 해요. 마치 자기와는 상관없는 일처럼 대합니다. 연기를 너무 잘해요. 그래서 국민들이 계속 속는 거예요. 예를 들어서 얼마 전 북한이 보냈다는 무인기가 떨어지는 사태가 벌어졌잖아요. 사고가 나니까 방공망이 어떻게 이럴 수가 있느냐면서 국방장관을 비롯해서 안보 관계자들을 질타합니다. 그것도 청와대

회의에서.

대통령이면 정부의 수장인데, 어떻게 보면 야당이 해야 할 이야기를 자기가 하는 거예요. 국민과 야당이 잘못을 비판하고 따져야 마땅하고 이에 대통령이 사과해야 할 상황인데, 거꾸로 대통령이 남을 비판해요. 마치 그 일과는 아무 관계없는 사람처럼 말이지요. 언론도 마찬가지예요. 실제로는 언론을 다 주물럭거려서 '땡박 언론' 체제를 만들고는 자기들은 이 일과 무관한 것처럼 시치미를 뗍니다. 그런 식으로 이명박이 구축한 체제를 박근혜는 철두철미하게 하나도 안 바꾸고 유지하고 있는 겁니다.

지승호: 오히려 내실을 더 다져가는 것 같아요.

최승호: 그렇죠. 보수세력이 그동안 보여준 전례가 있잖아요. 해방 이후부터 지금까지 역사적으로 언론을 통제해온 노하우가 있기 때문에 쉽게 포기를 안 합니다. 기본적으로 언론을 통제의 대상으로 볼 뿐, 언론의 자유를 믿는 집단은 아닌 것 같아요, 대한민국의 보수는.

지승호: 기본적으로 지난 정권보다는 지금 정권 사람들이 방송과 언론에 대해 통제와 관리를 많이 해본 사람들이라서 더 노련한 것 같은데요.

최승호: 대표적으로 김기춘 씨 같은 경우 중앙정보부 출신이니까, 이미 1970년대부터 어마어마하게 많은 경험을 가진 사람이라고 봐야죠.

지승호: 1992년 대선 때 '초원복집 사건'으로도 유명한 분이죠. 당시 김영삼 후보를 당선시키기 위해 부산지역 기관장들을 모아놓고 "우리가 남이가, 이번에 안 되면 영도다리에 빠져 죽자"고 하면서 지역감정을 부추겨야 된다고 모의했던 사람이죠.

최승호: 언론사들을 돈으로 관리하라는 식으로 이야기하는 대목도 나옵니다. 국정 최고 책임자를 최측근에서 보좌한다는 사람이 그런 언론관을 가지고 있는 거죠. 통제와 회유, 당근과 채찍으로 언론을 충분히 관리할 수 있다는 건데요. 안타깝게도 현실에서 그게 통하고 있어요. 박근혜 대통령 지지도가 60퍼센트 이상이잖아요. 언론통제와 박근혜식 화법에 힘입은 현상입니다. 문제가 계속 많이 터지고 있습니다. 그럼에도 마치 그 문제가 대통령과는 상관이 없는 것처럼, 착시 현상을 만들어내는 거죠. 그 누구도 대통령한테 책임을 묻지 않으니까요.

지승호: 이명박 정권과의 차이점인 것 같은데요. 당시 이명박 전 대통령은 언론으로부터 비판을 많이 받았잖아요. 그때만 해도 언론의 기능이 어느 정도는 살아 있었던 것 같은데요.

최승호: 박근혜 대통령은 아우라가 있어요. 이명박 대통령은 진중한 느낌을 주진 않죠. 진정성이 있어 보이는 것도 아니고, 천상 장사꾼 타입이라서 사람들이 신뢰를 잘 안 합니다. 사실 그래서 사람들이 표를 찍어준 거죠. 그런데 경기도 안 좋아지고, 장사꾼 실력도 발휘 못 하니까 금방 인기가 떨어졌죠. 그런데 박근혜 대통령은 어릴 때부터 아버지를 따라다니면서 배운 몸가짐, 표정관리, 말하는 방식, 이런 게 굉장히 어떻게 보면 단수가 높아요.

지승호: 그게 몸으로 익힌 거라, 근육이 기억한다고 할까요? (웃음)

최승호: 자기 내면을 잘 숨겨요. 그러면서 진정성 있는 것처럼 보이죠. 그런 부분들에 사람들이 녹아나는 것 같아요.

지승호: 모 언론사와의 인터뷰에서 김재철 전 사장에 대해서 '괴물'이라는 표현도 하셨는데요. 만약에 다른 사람이었으면 사정이 달

랐을까요? 결과만 놓고 보면 김재철 사장이야말로 공정방송을 무너뜨리는 데는 굉장히 유능했다고 봐야 할 것 같은데요.

최승호: 그런 범죄 행위에 '유능'이라는 표현은 적절치 않고요. (웃음) 김재철 개인도 문제지만 이명박 정권을 떠받치고 있는 보수·극우 세력이 방송을 잡지 않으면 정권 운영을 못 한다는 자기 확신이 명확했던 거고 그걸 관철하기 위해 수단과 방법을 가리지 않은 거죠.

그들은 왜 방송을 노리는가

지승호: 저쪽 입장에서 생각을 해보자면 MB 정부가 언론을 장악함으로써 얻은 이익들이 상당합니다. 자기네들이 저지른 여러 과오들을 숨기는 데 일조했는데요. 그 전략이 어떻게 가능했다고 생각하십니까? 그걸 막지 못한 요인을 분석해야 할 것 같아요. 말씀하셨던 데로 공정방송을 고민해서 일정한 틀을 만들어놓았던 MBC에서, 대다수 구성원들의 저항에도 권력의 방송장악이 관철된 거잖아요.

최승호: 시스템의 한계가 있었던 거죠. 단시간에 완벽하게 장악될 수밖에 없었던 허점이 있었던 겁니다. 공영방송의 지배 구조가 대통령이 소속된 정치세력이 공영방송 사장을 결정하는 틀로 계속 유지되어 왔다는 거예요. 진보정권에서 그런 문제점과 해악을 제대로 보지 못했다는 것이 가장 큰 패착이라고 저는 생각해요. 방송을 특정 정파가 완벽하게 장악하도록 놔둔다는 것은 국가 사회적으로 보면 어마어마한 해악이거든요. 그걸 인식하고 방송사의 지배 구조를 바꾸는 작업을 미리 했어야 해요.

지승호: 특정 정치세력이 장악하지 못하도록 말이죠.

최승호 : 하지만 아무도 상황이 이렇게까지 되리라곤 예측 못 했을 겁니다. 저 자신도 당시엔 문제점을 제대로 알아채지 못했을 정도니까요. 결국은 허점이 있는 상태로 유지가 되어 왔던 거죠. 그러다 정권이 바뀌니까 그 폐해가 확 드러난 겁니다.

진보정권에서는 진보 정파들이 공영방송을 사실상 지배했는데, 정권이 바뀌니까 보수 정파들이 다시 지배해요. 이들이 노골적으로 방송을 이용하자고 마음을 먹으니까 그동안 쌓아온 공정방송의 성과들이 여기저기서 무너지기 시작한 겁니다. 그러면서 보수정권은 어차피 진보정권 때도 똑같지 않았느냐고 항변해요. 빌미를 준 것도 사실입니다. 사실 최문순 전 MBC 사장 같은 경우 임기를 마치자마자 민주당 비례대표로 가버렸잖아요. 경영진이 정치권력과 거리를 둬야 한다고 말하기가 무색한 부분이 있는 거예요.

지승호 : 선후관계를 잘 따져봐야겠지만, 어쨌든 반대 진영에서 볼 때는 자기들과 다를 바 없다고 생각할 수도 있겠네요.

최승호: 최문순 사장이 나가자마자 민주당 비례대표로 간 사건은 사실 저들에게 어마어마한 명분을 줬어요. 물론 다른 분들도 정치에 많이 투신했지만 최 사장은 노조위원장 출신이라는 상징성 때문에 더 욕을 먹었어요. 사실 그 부분만 빼고 진보정권에서 방송을 크게 좌지우지하지는 않았어요. 최 사장 시절에도 노무현 정부의 핵심 국가정책이었던 황우석 교수의 줄기세포를 비판하는 내용의 〈PD수첩〉을 방송했거든요. 그러나 최 사장이 민주당으로 가는 순간 그런 것은 다 잊혀지고, 그렇게 빨리 비례대표로 간 것을 볼 때 사장 시절 민주당의 이익을 방송에 반영해준 것 아니냐는 비난을 받을 수밖에 없는 것이죠. 아무 근거가 없는 이야기지만 보수세력 입장에서는 '너희도 다르지 않았다'고 말할 수 있는 지점이 된 겁니다. 그것은 남아 있는

후배들에게 크나큰 고통을 줬습니다. 최 사장이 그것을 아는지 모르겠어요. 아쉽죠.

그러니까 이제는 공영방송의 지배 구조를 제대로 바꾸는 게 본질적인 해결책입니다. MBC 같은 경우는 방송문화진흥회에서 사장을 선임하도록 되어 있죠. 주요 정책을 결정하는 이사회는 여당 추천 이사 여섯 명, 야당 추천 이사 세 명, 이렇게 해서 총 아홉 명으로 구성됩니다. 인적 구성으로 봐도 알 수 있듯이 여당 이사가 삼분의 이입니다. 정권의 입맛대로 정책을 펴나가는 데 거리낌이 없을 수밖에 없는 구조예요. 이걸 바꿔야 해요. 공영방송만큼은 여(與)든 야(野)든 할 것 없이 타협하지 않으면 사장을 선출할 수 없는, 따라서 어느 일방의 의사가 관철될 수 없는 체제가 되어야 합니다. 그러면 어느 한 쪽 입장에 치우치는 방송을 하지는 않을 거라는 생각이에요.

지승호: 양쪽에서 모두 거부할 만한 사람을 걸러내면 그래도 존경할 수 있는.

최승호: 존경까지는 아니더라도 적어도 김재철 같은 사람이 사장이 되지는 않을 거라는 거죠.

지승호: 하지만 만약에 다시 정권이 바뀐다면 빨리 정상화시켜야 한다는 생각에 '코드 인사'의 유혹에 빠질 수도 있을 것 같은데요.

최승호 : 그럴 겁니다. 그러면 보복과 보복의 악순환이 계속되겠죠. 대통령 바뀔 때마다 극단에서 극단으로 왔다갔다합니다. 결국 방송의 신뢰도가 극한으로 떨어지게 되겠죠. 공영방송이 죽으면 세지는 건 종합편성채널(종편)이거든요. 그 폐해는 고스란히 국민들 몫이 됩니다.

지승호: 말씀하신 대로 불과 몇 년 전만 해도 신뢰도 1위였던 MBC

가 추락하면서 종편들이 반사 효과를 톡톡히 누리고 있습니다. 최근 JTBC가 약진하고 있고요. 노인 분들은 TV조선이나 채널A를 많이 보고, 영향을 받는 것 같습니다. 종편이 앞으로도 계속 영향력을 키워갈 거라고 보십니까?

> **최승호**: 공영방송들이 제 역할을 못 하고 이슈 주도력을 잃어버렸어요. 당연히 종편이 세질 수밖에 없죠.

지승호: JTBC의 경우 손석희 전 아나운서가 보도부문 사장으로 가면서 신뢰도도 굉장히 상승한 것 같거든요. 앞으로 신뢰도나 영향력이 더 커질 것 같은데요.

> **최승호**: 그럴 겁니다.

지승호: 하지만 환영할 일만은 아닌 것 같습니다. 종편의 태생부터가 그렇고, 조중동의 보도 성향이나 그동안의 행태를 볼 때 공정방송하고는 거리가 멀 수밖에 없을 텐데요.

> **최승호**: 문제는 종편이 아니라 지상파 공영방송들입니다. 이들이 제대로 보도하면 종편이 힘을 갖기가 어렵죠. 문제는 공영방송이 아무것도 안 한다는 데 있습니다. 지금 그 공백을 종편들이 메우고 있다기보다는, 어쨌든 치고 나갈 틈을 주었다는 거예요. 예를 들어 국정원 간첩증거 조작사건 보도를 볼까요. 종편은 왜곡보도도 많지만, 어쨌든 취재를 합니다. 국정원의 문제점도 발굴해서 보도해요. 반면 KBS, MBC는 입 딱 닫고, 가만히 있잖아요. 그러니까 안 보는 거죠. 방송이 세상을 보는 데 특별히 도움이 안 되는 거예요. 국민들로부터 외면당할 수밖에 없습니다.

지승호: 진실을 전달하느냐 사실을 왜곡하느냐보다 어떤 사안을 보

도하느냐 안 하느냐가 더 중요하다는 말씀이시죠? MBC, KBS가 계속 왜곡 보도를 하니까 한때 민영방송인 SBS가 정론이 되기도 했는데요. (웃음)

최승호: 그렇죠. 이슈 주도력을 잃어버렸어요. SBS도 한때는 괜찮다는 소리를 들었는데, 요새는 그렇지도 않아요.

2부
통제를 넘어 진실을 향해

국정원의 조작과 남재준의 침묵

지승호: 현재 국정원 간첩증거 조작사건을 집중적으로 탐사보도하고 계신데요. 보도에서 "왜 국정원 윗선 수사는 못 하나?"라고 검찰을 힐난하지 않으셨습니까? 수사가 지지부진한 상황인데, 댓글공작도 그렇고 국정원이 개입한 수많은 사건들이 알려지고 있음에도 왜 국민들은 예전만큼 분노하지 않는 걸까요? 보도가 통제되고 뉴스에 나오지 않아서 그런 걸까요? 아니면 이제 그런 뉴스에 질려서 그런 걸까요?

최승호: 진실이 제대로 알려지지 않아서라고 봅니다. 우선 정권이 수사를 막고 있잖아요. 문제가 됐던 국정원 댓글 사건[6]은 결국 청와대가 직접 개입했죠. 채동욱 검찰총장을 찍어내고, 윤석열 특별수사팀장도 찍어내고, 그 밑에 수사팀들도 거의 해체하다시피 하고. 그래서 수사를 거의 못 하게 했잖아요. 공소 유지가 힘들 정도로 수사팀을 약화시켰다고요. 과거에도 정권이 이 정도까지 노골적으로 개입한 적이 없었습니다. 그런데도 박근혜 정권은 눈 하나 깜짝 안 하고 이걸 해요. 김기춘이라는 조작의 대가가 앉아 있으니까 이렇게까지 하는구나, 하는 느낌까지 받았습니다. 간첩증거 조작사건[7]도 마찬가지입니다. 결국 위조된 서류가 증거 능력을 잃으면서 유우성 씨가 무죄 판결을 받자 비판을 의식한 국정원 측에서는 하급 정보원에게 모든 책임을 떠넘깁니다.

> 6) 2012년 대선 기간 중 국정원 심리정보국 요원들이 여당 후보에 유리하도록 정치 비방 글 등을 조직적으로 인터넷 게시글로 남긴 사건. 국가정보원 여론조작 사건, 또는 대선 개입 사건으로도 불린다. 검찰 특별수사팀은 조사 결과 국정원 직원들이 120만여 건의 트윗을 통해 선거에 개입한 사실을 확인했으며 당시 국정원장인 원세훈 등을 국정원법 위반 혐의로 기소했다. 이 과정에서 서울중앙지검은 윤석열 수사팀장을 업무에서 배제시키고 혼외 아들 논란으로 채동욱 검찰총장이 물러나는 등 외압 논란이 제기됐다.

7) 2013년 국가정보원이 탈북자 출신 서울시 공무원이었던 유우성 씨의 간첩 행위를 주장하는 과정에서 핵심 증거 서류를 조작한 사건을 말한다. 재판부는 1심에서 여권 법과 북한 이탈 주민의 보호 및 정착 지원에 관한 법률을 위반한 혐의로 징역 1년, 집 행유예 2년을 선고하지만, 간첩 혐의에 대해서는 무죄를 선고한다. 2심에서도 같은 판결이 나왔는데 이 과정에서 중국 정부는 국가정보원이 검찰을 통해 법원에 제출한 출입국 기록 사실 조회서 등의 공문서가 모두 위조된 것이라고 밝힌다. 대검찰청 감 식 결과 사실상 국정원의 문서가 위조되었음이 확인되면서 파문이 커지자 검찰은 관 련자 두 명을 기소한다. 그러나 국가보안법 대신 형법을 적용하고 남재준 국정원장과 담당 검사 등에게 무혐의 처분을 내리는 등 부실 수사 논란을 불러일으킨다.

지승호: 도마뱀 꼬리 자르듯이 말이죠.

최승호: 책임자라 할 수 있는 남재준 국정원장은 계속 침묵하고 있지만, 일관되게 사실을 은폐하는 국정원의 행태를 볼 때 사실상 계속 그런 식으로 지휘해왔다고 봐야 하는 거고요. 이는 국가보안법상 중대한 범죄 행위에 해당합니다. 국가보안법에는 위증을 한다든지, 무고를 한다든지, 증거를 조작한다든지, 날조한다든지, 심지어 증거를 은닉한다든지, 이런 부분들을 다 처벌하도록 되어 있어요. 그럼에도 검찰은 이 조항을 적용 안 합니다. 증거 조작이 남재준 국정원장에게 보고되었는지 여부조차 가려내지 못하고 있어요. 검찰이 압수 수색하러 가서는, 대공수사국장실도 못 들어가고 그쪽이 전달하는 문서만 받아왔다고 하잖아요. 가서 악수만 하고 왔다고 '악수수색'이라고 하죠. (웃음)

지승호: 경찰이 그랬으면 당장 구속감이겠죠. 국정원에서 간첩 혐의를 씌우려고 증거를 조작한 정황이 명백하고 법원에서 무죄 판결이 난 상황인데도 여전히 유우성 씨가 간첩이라고 주장합니다. 그러면서 공소장에 사기 혐의를 추가해요. 어마어마한 간첩에게 사기죄라니…. (웃음)

최승호: 뭐 하나라도 걸려라 하는 건데요. 검찰의 그런 모습은 대단

히 실망스럽지요. 꼭 무슨 죄를 찾아내야 하는 건 아니잖아요. 검사에게는 '객관 의무'[8]라는 것이 있습니다. 공익의 대표자로서 사건의 실체를 밝혀야 해요. 만일 피의자가 무고하다면 그 무고함을 밝혀주는 것이 검찰과 검사의 역할이거든요. 지금 검사들이 보여주는 행태는 국정원의 끄나풀이 돼서 유우성 씨가 간첩 혐의가 없음에도, 사실상 증거 조작을 방조했다고 할까요? 그런 행위를 계속하고 있는 거죠.

8) 공익의 대표자로서 진실과 정의의 원칙에 따라 검찰권을 행사해야 할 의무. 이에 대해 대법원은 "검사는 공익의 대표자로서 실체적 진실에 입각한 국가 형벌권의 실현을 위하여 공소제기와 유지를 할 의무뿐만 아니라 그 과정에서 피고인의 정당한 이익을 옹호하여야 할 의무를 진다고 할 것이고, 따라서 검사가 수사 및 공판과정에서 피고인에게 유리한 증거를 발견하게 되었다면 피고인의 이익을 위하여 이를 법원에 제출하여야 한다"고 명시하고 있다(판례 2001다23447).

지승호: 요즘 권력자들이 좀 더 뻔뻔해지지 않았나 싶어요. 자정 능력을 이미 상실한 건 아닐까 해요. 이 사건에 대해 국정원뿐만 아니라 직무 유기한 검사들까지 특검으로 처벌해야 한다고 하셨는데요.

최승호: 어느 때나 공안 검사들의 태도는 시종여일했다고 생각합니다. 노무현 정부 시절에 과거사 정리위원회가 출범해서 국정원도 반성하는 과정을 거쳤지요. 사법부도 그랬습니다. 진보정권하에서 여러 권력 기관들이 반성하고 새 출발을 다짐하는 과정을 거쳤습니다만, 유일하게 이를 거부한 기관이 검찰입니다. 그런 데다 권한은 오히려 강화됐지요. 과거 중앙정보부나 안기부가 가졌던 기소권이 죄다 검찰로 넘어왔잖아요. 우리나라 기소권은 검찰 독점입니다. 엄청난 권력이에요. 이런 상황에서 누가 기획했건 자기들이 기소한 사건에서 무죄 판결이 났으면 반성을 해야지요. 그런데도 모르쇠로 일관합니다. 외려 엉뚱한 사건으로 보복성 기소를 해요. 이들이 이런 행태를 보이는 데에는 조직 이기주의와 더불어 상명하복이라는 검찰 특유의 문화가 있기 때문입니다. 일례로 2012년 겨울, 반공법 위반 혐의로 1962년 유죄 선고를 받은 고 윤길중 씨에 대한 재심 결심 공판

에서 한 검사가 무죄를 구형합니다. 그런데 나중에 이 검사가 징계를 받아요. 검찰 수뇌부의 지시를 따르지 않았다는 거지요. 이런 조직 문화에서는 그나마 양심 있는 검사들이 배겨나기가 어렵죠. 반성하고는 처음부터 인연이 없는 집단이 검찰입니다. 그중에서도 공안 검사들은 특히 심해요. 간첩을 잡으려면 증거쯤은 조작해도 된다고 생각하는 것 같습니다.

지승호: 왜곡된 우리 근·현대사와도 관련이 있지 않나 싶습니다. 일 제강점기 때 독립운동가를 고문하던 사람이 해방 후에 검찰에서 요 직을 차지했죠. 군사독재 정권 때는 출세를 위해서라면 간첩단 조작 도 마다하지 않던 정치 검사들도 있었고요.

최승호: 그렇죠. 공안 검사들이 잘나갔죠. 진급도 잘하고. 지금 대통령 비서실장인 김기춘 씨가 대표적인 공안 검사 출신이잖아요. 자기들이 기득권 집단이니까, 기득권 수호 내지 유지 차원에서 이러한 사건들을 바라보겠죠. 국정원과 마찬가지로 공안 검사들도 계속 간첩이 나와야 먹고살 수 있습니다. 그러니 증거 조작쯤이야 별거 아닌거죠. 중요한 건 어쨌든 간첩을 잡아서 '실적'을 내야 한다는 사실 뿐입니다. 실제로 이번 사건에서 검사는 국정원이 증거를 조작했다는 사실을 알아차릴 수밖에 없는 순간이 여러 차례 있었습니다. 그래서 우리 〈뉴스타파〉 팀이 이런 사실들을 정리해서 '검사들은 몰랐다고?'라는 제목으로 방송했어요. 충분히 알 수 있었는데도 모른 체한 거예요.

검사들은 몰랐다고?

실제 재판 녹음

이시원 검사

2012년 1월 설날 무렵에 오빠 유우성이 (북한)회령을 다녀온 사실이 있죠

삼합 국경검문소

실제 재판 녹음

2012년 설날, 설날에...

그래서 내가 중국에 가서 너하고 아버지랑 같이 설 쇠려고 들어갔는데

수사과정에서 피고인에 제시한 출입경기록을 재출해달라

이시원 검사 : 수사과정에서 통행기록을 제시한 바 없고 통행기록을 갖고 있지도 않다.

가족사진 집 근처에서 찍었는데 그 사진은 누구야

대머리 수사관 : 저는 저걸 제시한 적이 없습니다.

사실대로 얘기해라 국정원 직원에게도 이야기 않겠다

유가려   이시원 검사

NIS

선양 총영사관

화룡시 공안 그것은 저희가 발급한 것이 아닙니다. 더군다나 저희한테는 그것을 발급할 권한도 없습니다.

"간첩이라고 자백하면 도와주겠다"

지승호 : 그러면 공안 검사도 아닌 사람들이 국정원 편을 드는 경우는 뭘까요? 저는 일종의 '스톡홀름 신드롬' 같은 게 아닌가 싶은데요. 일부 보수적인 분들은 소위 '좌빨'들이 사소한 일로 국정원의 위상을 무기력하게 만들어서 대한민국을 전복시키려 한다고 생각하는 것 같습니다.

최승호 : 보수언론들이 자꾸 그런 쪽으로 몰아가니까요. 국정원의 주문을 받아서 보도하는 경우도 많았죠. 특히 극우 언론들은 국정원하고 한 몸으로 움직인다고 볼 수 있고요. 다른 보수언론들 역시 그 정도는 아니더라도 국정원이 무너지면 큰일 날 것처럼 보도하고 있으니까요. 언론인 개개인들을 만나서 물어보면 국정원이 보이는 지금의 행태가 상당히 심각하다는 점은 대체로 인정할 거예요. 그렇지만 언론도 조직이고 이들 역시 보수세력들이 장악하고 있기에 실제로는 국정원 입장을 그대로 전달하는 경우들이 많은 거죠. 그러니 국민들이 왜곡된 생각을 할 수밖에요.

지승호 : 보수언론들의 행태는 모순될 때가 많아요. 유가려 씨를 조사한 '국정원 합동신문센터' 같은 경우 말도 안 되는 방식으로 수사를 하지 않았습니까? 6개월 동안 독방에 가둬놓고, 증거도 없이 구타와 협박을 통해서 진술을 받아냈다고 하는데요. 법원에서도 증거로 인정받지 못했고, 그런 강압적인 행위가 그토록 오래 저질러졌음에도, 보수언론에서 이에 대해 인권 문제를 지적하지 않는다는 것이 놀라운 일인데요. 지금 거의 〈뉴스타파〉에서만 보도하고 있지 않습니까? 늘 북한의 인권을 걱정하는 보수언론의 평소 행태와 배치되는 거 아닌가요.

최승호: 그렇죠. 모순된 행태는 그뿐만이 아닙니다. 지금 탈북자 단체들이 나서서 유우성 씨를 비난하고, 국정원을 살려야 한다고 주장하잖아요. 간첩 조작의 피해를 입은 사람이 비록 화교이기는 하나 엄연히 탈북자인데 말이에요. 같은 입장인 탈북자들이 나서서 국정원을 비판을 해야 하지 않나요? 제가 보기엔 이러한 흐름을 주도하는 이들은 국정원이 관리하는 엘리트 탈북자들인 거예요. 그들은 북한의 인권을 외칩니다. 물론 북한 주민의 인권 중요합니다. 하지만 인권을 무시하고 간첩 증거를 조작한 국정원을 살리자고 주장하는 사람들이 할 말은 아니라는 생각이 드는 거죠.

지승호: 〈뉴스타파〉에서 '국정원 합동신문센터'의 문제점을 밝히기 위해 취재를 계속하고 있는 것으로 알고 있습니다.

최승호: '국정원 합동신문센터'의 조작 행위가 이번 한 건만이 아니라 수없이 많은 위법 행위가 저질러져 왔다고 판단하고 있습니다. 그러한 부분들을 계속 취재하기 위해서 노력하고 있죠. 사실 피해자분들이 국정원을 어마어마하게 두려워해요. 국정원은 자기네들이 증거를 조작한 사실이 만천하에 드러났는데도 끝까지 잘못을 인정하지 않고, 오히려 유우성 씨를 사기범이라는 식으로 몰아세우잖아요. 보수언론들이 거기 동조해서 유우성 씨를 계속 흠집 내고, 이런 상황을 지켜보면서 사람들이 굉장히 두려워해요. 자기 이야기가 언론을 통해서 나가면 국정원이 보복하지 않을까 하는 거예요.

지승호: 그럴 수밖에 없는 것이, 불법적으로 감금해서 수사해도 기댈 데가 없잖아요. 변호사들의 도움을 받기도 어렵고, 국가기관에 맞서 싸우기도 어렵고, 그런 상황에서도 진실이 하나 둘 드러나는 게 오히려 신기할 지경이잖아요. 공포 분위기를 조성하고 이를 이용하는 거 같아요.

최승호: 그렇죠. 수십 년 동안 그래 왔어요. 보수·극우 세력들이 그 동안 간첩을 '만들어온' 노하우가 있잖아요. 채찍과 당근 수법이죠. 고문을 하거나 장기간의 독방 수사를 통해서 허위 자백을 유도하면 서 회유를 합니다. 달력도 없는 곳에서 지금이 몇 월 며칠인지도 모 르는 상황에서 보통 사람이라면 넘어가지 않을 수가 없습니다.

지승호: 굳이 국제적인 기준을 따지지 않더라도 명백한 가혹 행위네 요.

최승호: 가혹 행위죠. 그러면서 한편으로 간첩이라고 자백해도 큰 처벌은 없을 거라고 안심을 시킵니다. 혜택을 주겠다고 해요.

지승호: 간첩이라고 얘기하면 도와주겠다?

최승호: 김현희가 대표적인 모델 케이스인 거죠. 국정원 수사관들이 항상 탈북자들한테 이야기하는 것이 그거예요. 김현희를 봐라, 김현 희는 KAL기를 폭파해서 어마어마하게 많은 사람들을 죽였지만, 지 금 잘살고 있다. 정부가 집도 주고, 돈도 주고 해서 애들 낳고 얼마나 잘사느냐, 책도 쓰고. 그런 식으로 회유하는 거죠. 듣다 보면 혹한단 말이에요. 심신이 약해진 상황에서 허위 자백을 하는 겁니다. 그러면 이걸 증거로 검찰이 기소합니다. 그땐 후회해도 늦어요. 돌이킬 수가 없는 거예요. 예를 들어 유가려 같은 경우에도 검사를 만나서는 허 위 자백이었다고 얘기했어요.

지승호: 그런데 검사가 그러면 도와줄 수 없다고 했다면서요. (웃음)

최승호: 허위 자백인 줄 알지만 그대로 유지하라는 거죠. 그런데 피 의자 입장에서는 그럴 수밖에 없어요. 아무도 만날 수 없는 상황이 니까. 기소하면 구속이 되잖아요. 그러면 구치소나 교도소로 갑니다.

그런데 이분들은 돌봐줄 사람이 없잖아요. 외부와 격리된 상황에서 국정원 수사관들이 찾아가서 "검사님한테 얘기 잘하고 있지, 영치금 넣어주고 갈게." 그럽니다. 그 돈 가지고 생활하는 거예요. 변호도 제대로 못 받습니다. 돈 안 되는 사건인데 누가 나서겠습니까? 나라에서 국선 변호인을 지정하는데, 이분들이 하는 변론이란 게 '간첩으로 온 것은 사실이지만, 이러이러하여 정상참작을 할 만하니, 형량을 좀 줄여주십시오.' 하는 식이에요. 그러면 판사는 형량을 절대로 줄여주지 않아요. 정상참작 사유가 아니라는 거죠. 그래서 많이 줄 때는 징역 7년에 자격 정지 7년, 이런 식으로 줘버려요. 적게는 3년, 5년 이런 식입니다. 최종 판결이 날 때에야 비로소 사태를 깨닫게 돼요. '아, 이렇게 내 인생이 끝나는구나.' 하고 말이죠.

지승호: 자포자기하는 심정이 되겠네요.

최승호: 그래서 법정에서 폭포수처럼 눈물을 흘리게 되는데요. 그런 식으로 간첩들이 생기고 있는 거거든요. 우리가 굉장히 무서운 곳에서 살고 있는 거예요.

개혁에는 전략이 필요하다

지승호: 〈뉴스타파〉에서 만든 애니메이션 '자백 이야기'를 보았습니다. 마음이 답답하고 슬프던데요. 대머리 수사관과 아줌마 수사관, 큰삼촌 수사관이 번갈아가면서 세뇌시키고, 때렸다가 얼렀다가 합니다. 여자 수사관은 '나를 엄마처럼 생각하라'고 합니다. 그러면서 이름도 안 가르쳐줘요. (웃음) 이름도 모르는 '엄마' 수사관은 잘해주다가도 말을 안 들으면 태도가 돌변합니다. 이런 것도 일종의 고문일 텐

데요. 그 안에서 무기력과 두려움에 휩싸인 피의자들은 '내가 어떻게 하면 사랑받을까?' 하면서 자기 분열을 일으킬 것 같습니다. 그런 식으로 수사해서 얻은 증거라는 게 정당할까요? 정말 간첩이라고 확신해서 그랬다면 이해라도 가지만 명백히 조작인 줄 알면서 동조했다면 그 대가를 분명히 치러야 해요. 한 사람의 인생을 망가뜨린 거니까요. 하지만 우리 사회에서는 이런 부당한 행위에 대해 단죄한 경우가 별로 없지 않나요?

> **최승호** : 앞으로는 분명한 대가를 치르도록 해야죠. 유우성 씨 사건이 대법원에서 최종적으로 무죄 판결이 나면 해당 수사관들에 대해 형사 고소도 하고, 손해배상 소송도 해야 합니다. 담당 검사도 마찬가지고 공모한 사람들 모두 처벌이 되어야 해요. 그래야 이런 일이 반복되지 않습니다.

지승호 : 〈오마이뉴스〉 이영광 기자와의 인터뷰에서 "국정원의 트위터를 통한 대선 개입을 밝혀낸 것이 가장 의미 있었다"고 하셨는데요. 안타깝게도 이후로 이슈가 수면 아래로 가라앉았다고 할까요? 잠잠해진 측면이 있는 거 같습니다.

> **최승호** : 야당이 워낙 못하니까요. 지금, 박근혜 정권 초기에 불거졌던 어떤 이슈도 남아 있지가 않잖아요. 국정원, 기무사령부 등 국가기관이 동원된 불법적인 대선 개입, 수십만 개의 댓글로 민주주의를 어지럽힌 그들에 대해 국민적 분노가 폭발 직전일 때도 야당이 제 역할을 못 합니다. 여야 합의로 국정원 개혁 특위를 설치했다고는 하지만 사실상 지금 아무것도 바뀐 것이 없어요.

지승호 : 어떤 사안이든 상황이 폭발적일 때 굉장히 정확하고, 적절하게 대처해야 할 텐데, 그러지 못했다는 거죠.

최승호: 야당이 정확하게 새누리당과 청와대에서 바라는 대로 해준 것 같아요. 참 기가 막힌 일이죠. 간첩 조작 사건도 지금까지 야당이 한 일이 뭐가 있나요? 아무것도 없죠. 우리가 1년 동안 〈뉴스타파〉에서 조작된 사건이라고 계속 방송해왔는데요, 중국 정부가 증거가 조작됐다고 통보하기 전까지는 단 한 명의 야당 의원도 관심을 보이지 않았어요.

지승호: 〈뉴스타파〉에서 특종을 여럿 터트렸음에도 반향이, 어떻게 보면 일시적이었던 것 같습니다. 〈뉴스타파〉가 지상파만큼의 영향력이 없는 이유도 있겠지만, 폭발적인 사안을 정치권이나 사회가 받아서 의제화를 하는 작업이 제대로 이루어지지 못한 거 아닐까요.

최승호: 우리 역량이 부족한 거죠.

지승호: 언론이 취재하고 보도하면 이에 대한 후속 조치가 있어야 하는데, 이걸 해야 할 정치권에서 제 역할을 제대로 못 하니 답답하시겠어요.

최승호: 굉장히 답답하죠. '국정원 합동신문센터'가 근본적인 문제인데, 그걸 개혁해야 한다고 말하는 사람이 없잖아요. 표피적으로 간첩 증거 조작 처벌해야 한다는 얘기만 하지, 국정원을 근본적으로 어떻게 바꿀 것이냐, 이 문제에 대해 얘기하는 사람이 없어요.

지승호: 말씀하실 수 있는 부분이 아닐 수도 있지만, 역대 최약체 야당이라는 얘기도 있는데, 어떻게 해야 하나요? 그분들도 어찌해야 할지 몰라서 저러는 거 같은데요. (웃음)

최승호: 모르죠. 제가 어떻게 얘기할 수도 없고요. (웃음)

지승호: 이때는 이렇게 하면 낫지 않았을까, 하는 조언이나 의견 같은 건 있을 수 있잖습니까.

최승호: 전략이 너무 없는 것 같아요. 컨트롤 타워 기능이 부재한 것 같습니다. 전략이 있으면 이슈를 어떻게 끌고 갈지 판단이 나오죠. 일단 전략이 수립되면, 국회에 상임위원회가 있잖아요, 거기서 구체적인 계획을 짤 수도 있어요. 국민들의 호응은 어떻게 얻어낼지 등에 대한 종합적인 플랜이 있어야 하는데, 그런 것 없이 즉자적으로 반응하는 듯해요. 무슨 문제가 발생하면 당내 최고의원 회의에서 한마디씩 돌아가면서 하고, 그걸로 끝.

지승호: 말로만 싸우는.

최승호: 상임위에서 회의 하나 열어서 특위 하나 만들어 중국 선양 총영사관 갔다 와선 그걸로 끝인 거예요. 야당이 종합적으로 이슈를 끌고 가서 구체적인 성과를 내야 국민들이 기억하잖아요. '맞아 국정원 개혁은 야당에서 한 거야.' 이런 인식이 있어야 나중에 표로 연결될 텐데요. 멍하니 있다가 그냥 공을 놓쳐버리는 거예요. 공을 몰고 골대로 향하다가 다른 데 정신 팔려서 공을 놓고 가버린다니까요. (웃음)

지승호: 말씀하신 대로 죽이 되든 밥이 되든 시작한 게임은 끝내야 하는데, 여당이 "야, 이리 와서 뛰자"고 하면 득달같이 달려가는 꼴이잖아요. 말하자면 저들이 원하는 프레임대로 움직이는 건데요.

최승호: 정확하게 그렇게 하고 있죠.

〈뉴스타파〉는 끝까지 간다

지승호: 좀전에 남재준 국정원장은 입을 닫고 있다고 하셨잖아요.
연루된 사건이 많은데요. 그분 얘기를 끌어내는 방법은 없을까요?

최승호: 검찰의 최종 수사 결과가 나왔을 때 어떤 태도를 취할지 봐
야죠. 그 자리에서 계속 버티는 게 쉽겠나 하다가도, 주변 환경 때문
에 버틸 수도 있겠다는 생각도 듭니다. 국정원이 국정 운영에 어떤 도
움을 주고 있는지는 모르지만, 남재준에 대한 신뢰가 상당한 것 같
아요. 때문에 대통령이 남재준을 물러나게 하지 않을 거라는 관측들
이 많은데, 그렇게 되면 진짜 비극이죠. 대한민국에 비극이고, 박근
혜 대통령으로서도 지금과 같은 인기를 계속 누리기가 쉽지 않을 거
예요. 선거에도 타격이 될 것이고. 9)

9) 대담이 있은 후, 2014년 4월 14일 검찰은 '서울시 공무원 간첩증거 조작사건'에
대해 몇몇 국정원 직원들이 벌인 일탈 행위라는 수사 결과를 발표했다. 이튿날 남재
준 국정원장은 3분 분량의 대국민 사과문을 발표하고 박근혜 대통령도 같은 날 국정
원의 '자기 개혁'을 주문하며 사과한다. 그러나 한 달 후인 5월 22일 남재준 국정원
장은 세월호 사고 수습 국면에서 김장수 국가안보실장과 함께 전격 경질된다.

지승호: 예전에 이명박 정권이 김재철 사장을 계속 밀어붙인 것과
비슷한 코드라고 볼 수 있는 건가요? 버티면 결국 자기들에게 유리
한 상황이 올 거라고 보는 건데요.

최승호: 사실 남재준 말고 사람이 없겠어요. 그런데도 굳이 남재준
을 고집하는 데는 박근혜 대통령의 개인적인 호불호가 작용한 것이
란 얘기죠. 박근혜 대통령은 워낙 어릴 때부터 영부인 역할을 했기
때문에 나이 든 사람들을 어려워하지 않는다고 할까요. 김기춘 씨만
해도 자기보다 나이는 많지만 박정희 대통령 재임 시절엔 기껏 국장
급이었잖아요. 아버지의 후광이 있으니 편안하게 부릴 수 있는 입장

이 되는 거죠. 멘탈리티 자체가 달라요. 보통 사람들은 힘들잖아요. 국정원장 같은 사람이 자기보다 나이가 훨씬 많으면 불편하죠. 젊은 사람 중에서도 얼마든지 능력 있는 사람들을 찾을 수 있는데, 굳이 노인들을 중요한 자리에 앉히는 것은 대통령과 주파수가 맞아서라고 해석할 수밖에 없어요.

지승호: 〈뉴스타파〉 차원에서 국정원과 관련된 또 다른 취재를 하고 계신 것이 있나요?

최승호: 간첩 조작 사건을 계속 취재할 거고요. 이 사건 말고도 다른 사건들이 있기 때문에, 간첩 조작하는 행태를 종식하고 국정원을 개혁할 때까지 관심을 가지고 계속 취재하려고 합니다. 우리 밖에는 딱히 할 곳이 없잖아요.

지승호: MBC에서 취재할 때와 〈뉴스타파〉에서 취재할 때 어떤 차이가 있을까요? 각자 장단점이 있을 텐데요.

최승호: MBC에 있으면 지원이 많아요. 운전기사도 있고, 조연출도 있고, 조사원도 따로 나오고, 작가도 있고, 일하기가 편하죠. 팀으로 움직이니까 짧은 시간에 취재를 많이 진행시킬 수가 있어요. 그런데 여기는 그런 지원이 없어요. 뭐든 직접해야 할 때가 많습니다. 이것저것 시간이 많이 걸리죠. 장점은 제약이 없다는 거예요. 방해 없이 무엇이든 취재할 수 있고, 지속적인 방송이 가능합니다. 우리가 지금까지 간첩 조작 사건에 대해서 보도한 분량이 어마어마할 겁니다. 어떤 주제든 제한 없이 계속 방송할 수 있다는 것이 〈뉴스타파〉의 힘이죠. MBC에 있었으면 못 했겠죠. MBC가 상황이 좋을 때라도 〈PD수첩〉에서 이렇게 할 수는 없잖아요. 기동성도 뛰어납니다. 그때그때 이슈화되는 사건을 재빨리 보도할 수 있어요. MBC처럼 큰 방송사는 프로그램 하나를 만드는 데 최소 한 달은 걸립니다. 그러는 사이

이슈가 다 사라져버리는 거죠.

지승호: 인원이 적으니까 과부하가 걸릴 수도 있을 것 같은데요.

최승호: 피곤하고 힘든 건 있죠. 그래서 가끔은 후배들 도움으로 취재를 진행하기도 해요.

지승호: 소송 문제 같은 데에 취약할 것 같은데요. MBC도 완벽하게 커버해준 것은 아닌 것 같지만요.

최승호: 그 부분에서 지금까지 크게 불편을 느끼지는 않아요. 소송에 대비한 기금도 계속 적립하고 있고요. 충분히 대비하고 있습니다. 소송이 많이 걸린 상황도 아니고요. 물론 국정원 수사관이 저하고 김용진 대표를 고소해서 진행 중인 것은 있는데요, 그거야 당연히 무혐의 처분이 될 거니까 큰 걱정은 안 하죠. 사건 자체가 조작됐다는 것을 지금 다 보여주고 있는데요, 뭐. (웃음)

지승호: 많은 분들이 궁금해하는 질문인데요. 궁극적으로는 MBC로 돌아가나요? 아니면 〈뉴스타파〉로 끝까지 가시나요? 말씀하신 대로 두 군데 다 장단점이 있잖아요. MBC의 해고는 불법이기에 일단 무효화시키는 것은 중요하다고 하셨는데, 어떤 환경에서 방송을 하시는 것이 내가 더 즐겁고, 사회에 도움이 될 건지 생각해보셔야 할 것 같은데요.

최승호: 그때 가서 판단하죠. 저 혼자 판단할 문제도 아닌 것 같고요. 많은 분들의 생각을 모아야죠. 지금은 무슨 얘기를 할 수도 없는 상황이에요. 소송이 진행 중이기 때문에. 일단은 소송에서 무조건 이겨야 하고, 법적으로 보장을 받고 난 뒤에 생각해도 늦지 않을 것 같습니다.

"대통령께서 지시하셨습니까?"

지승호 : 4대강 사업에 대해 2009년 7월부터 취재를 해오셨고요. 〈PD수첩〉 '4대강, 수심 6미터의 비밀'을 만드셨죠. 이게 해직의 빌미가 됐다는 의견들이 있고요. 제작 과정에서 이명박 전 대통령 퇴임현장을 찾아가서 대통령이 직접 지시했느냐고 물었잖아요. 우리나라 언론 역사상 재미있는 장면 중 하나일 텐데요.

> **최승호** : 그 당시에 현직 대통령이었어요. 마지막 날이었긴 하지만. (웃음) "4대강, 수심 6미터 대통령께서 지시하셨습니까?" 이렇게 물었죠.

지승호 : 짧지만 묘한 생각이 드는 장면이더라고요. 처음에는 낯익은 얼굴이니까 그랬는지, 이명박 대통령이 악수를 해요. 그리고 나서 최피디님 질문을 듣고는 굉장히 난감해합니다. 어쨌든 그 질문에 대해서는 아직도 답이 없는 거지요?

> **최승호** : 이후에 감사원의 감사 결과 이명박 대통령의 지시가 있었던 것으로 밝혀졌죠.

지승호 : 〈뉴스타파〉에 와서 후속 취재를 통해 4대강 사업이 사실상 대운하였다는 것을 구체적으로 밝혔습니다. "이 기형적인 사업을 추진한 경위가 낱낱이 규명되고, 책임을 물을 때가 되었습니다"라고 클로징 멘트를 하셨는데요. 하지만 말씀하신 대로 실현되려면 험난한 과정을 거쳐야 할 것 같은데요.

> **최승호**: 박근혜 대통령이 아무 생각이 없기 때문에 굉장히 오래 걸릴 것 같아요. 박 대통령은 어떤 이슈든지 잘 잡아먹어요.

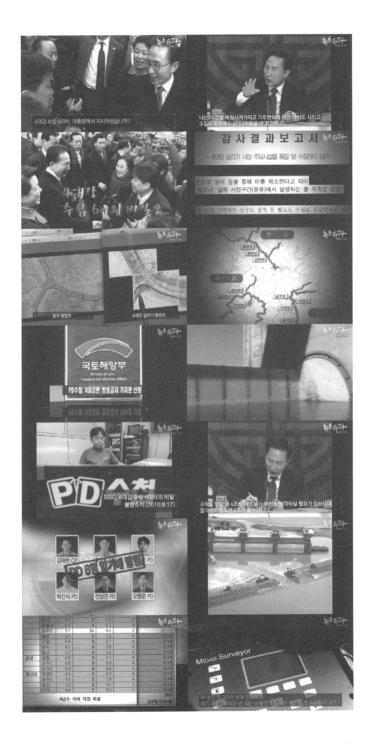

지승호: 거기다 북한 관련 이슈만 해도 수두룩하잖아요. 핵도 아니고, 무인기 이런 것 가지고도 발칵 뒤집어놓잖아요. 이슈를 잘 선점하는 것 같습니다.

최승호: 그런 것 같아요.

지승호: 4대강 사업 관련해서 '단군 이래 최대의 사기'라는 표현도 하셨는데요. 후속 취재를 하고 계신가요?

최승호: 〈뉴스타파〉의 다른 후배들도 4대강 사업에 대해서 관심을 가지고 취재했습니다. 'MB의 유산'이라는 특별 기획을 방송했는데, 참 어렵네요. 제가 4대강 사업을 2009년도 7월부터 취재를 했는데요. 처음부터 상당히 의문을 품었습니다. 정부에서는 수질이 개선된다고 했죠. 하지만 상식적으로 물의 흐름을 막는데, 그럴 수 있겠습니까. 조그만 보(洑)도 문제를 일으키잖아요. 오염 물질이 쌓여서 물이 더러워집니다. 상식적으로 말이 안 된다고 생각했습니다. 대신 가뭄 해소라든지 다른 방면으로 효용성이 있지 않겠나 하는 생각을 했죠. 그래서 문제점은 문제점대로 알리고, 효과가 있다면 어느 정도인지 검증해서 제대로 방송을 하려고 취재를 쭉 해나갔는데요. 하다 보니까 도대체가 보로 가둬서 생기는 10억 톤의 엄청난 양의 물을 어디다 쓰겠다는 건지 계획이 없어요.

4대강 추진본부 국장과 인터뷰를 했는데, 당시에 그분이 하는 얘기가 그게 하천 유지용수라는 겁니다. 강을 강답게 유지하는 물이지, 가뭄 해소용이나 농경지에 물을 대는 농업용수가 아니라는 거예요. 다른 전문가들에게 물어보니 그럴 수밖에 없다고 합니다. 왜냐하면 가뭄 지역이라는 게 주로 산간 오지여서 4대강 본류에서 거기까지 물을 대려면 일일이 관을 묻어야 하는데, 그 비용이 엄청나다는 거예요. 차라리 현지에서 지하수를 개발하는 게 비용이 훨씬 적게 든대요. 4대강에 물을 가둬서 가뭄을 해소한다는 것이 원천적으로 말이

안 된다는 겁니다. 그러니까 의문이 생기잖아요. 정부에서 4대강 사업 홍보하면서 농토가 쩍쩍 갈라져 있는 모습을 보여주고, 사람들이 물을 받기 위해서 물통 같은 것을 들고 소방차 앞에 줄지어 서 있는 모습들을 보여줬단 말이에요. 그러면서 앞으로 이런 일이 사라질 거라고 했습니다. 국민들한테 은연중에 잘못된 인식을 심어주는 거죠. 그럼 이거 거짓말이잖아요.

의문이 계속 들어서 수자원 전문가들의 포럼에서 얘기를 들어봤는데요, 수십 년 동안 대한민국의 수자원 정책을 주도해왔던 원로들이 하는 얘기의 결론이 그겁니다. "지금 하고 있는 4대강 사업은 사실상 운하사업이다. 따라서 물 부족 해소라든지 홍수 예방이라든지 이런 얘기는 전혀 논리에 맞지 않다. 그런데 왜 이런 식으로 얘기를 하느냐. 대통령이 대운하 포기 선언도 하고 했으니까 그러지 말고 낙동강 주운하다 정도로 얘기하는 것이 어떠냐"라는 식으로 말합니다. 그전에도 4대강 사업에 반대하는 환경단체와 교수님들에게 '4대강 사업이 사실상 대운하사업'이라는 말을 많이 들었지만, 액면 그대로 받아들이지는 않았어요. 그런데 이번에는 경우가 다른 겁니다. 대한민국의 댐이라는 댐은 다 만들고, 1980년대 전두환 정권 시절에 한강 개발사업을 주도한 사람들이 자기네들끼리 모여서 그렇게 얘기하니까, 굉장히 충격적이더라고요. 안 믿을 수가 없잖아요. 그래서 의문을 풀기 위해서 취재를 계속해서 한 해 뒤에 '4대강, 수심 6미터의 비밀'을 방송하게 된 겁니다. 4대강 비밀 추진 팀이 있었고, 청와대에서 낙동강에 수심 6미터를 유지하라는 지시를 내렸다는 사실을 밝혀낸 거죠. 처음에는 작은 규모인 것처럼 발표하고, 2단계로 대운하 급의 큰 규모로 가자, 이렇게 결정했다는 것, 나중에 이명박 대통령이 소규모 안을 보고받은 자리에서 '200년 빈도의 홍수에도 견딜 수 있는 큰 규모로 가라'고 지시했다는 것, 그래서 결국 1차 계획인 소규모 4대강 정비 계획이 그 자리에서 폐기되고, 대운하급으로 간 겁니다.

4대강은 재자연화해야 한다

지승호: 4대강 사업의 가장 큰 문제점은 뭐라고 보십니까?

    최승호 : 정부가 단군 이래 최대의 토목 공사를 하면서 국민들에게 그 의미와 효과를 정직하게 밝히지 않고, 거짓말 홍보를 하고, 꼼수를 쓰면서 강압적으로 추진했다는 것이죠. 그 과정에서 언론을 철저하게 통제하고, 그렇게 국민들의 눈과 귀를 막아놓은 상태에서 세금을 무려 22조나 쓰는 엄청난 사업을 벌였다는 겁니다. 환경은 환경대로 망쳐버리고. 사업 추진 과정에서 민주주의 시스템을 완전히 붕괴시켰다고 생각하는데요. 그 부분이 가장 큰 문제라고 생각합니다.

지승호: 4대강 취재하실 때 어떤 부분이 제일 어려우셨나요?

    최승호: 대안을 제시해야 한다는 거였습니다. 저는 주로 4대강 사업이 대운하로 가게 되는 과정을 취재했어요. '4대강, 수심 6미터의 비밀 2'를 통해 거의 다 밝혔습니다. 나중에 감사원에서 아주 디테일한 부분, 이명박 전 대통령이 언제 어떤 내용을 지시했는지를 밝힌 거고요. 어떻게 보면 4대강 사업의 실체적인 진실은 지금 밝혀졌다고 봐야 합니다. 문제는 그다음이에요. 4대강 사업으로 환경이 망가졌잖아요. 이걸 그대로 둘 것인가? 안 된다는 거죠. 그러니까 시민단체, 환경단체에서 '재자연화'라고 해서 설치된 보를 철거하고 강이 흐르도록 복원해야 한다고 얘기하는 거고요. 이를 판단하고자 박근혜 정부에서 조사위원회를 꾸렸잖아요. 여기서 4대강 사업이라는 것이 정말 할 필요가 있었던 사업이냐 아니냐, 이런 것까지 다 판단하겠다는 거예요. 감사원의 감사 결과 4대강 사업이 국민을 속인 불법적인 사업이었다는 것이 드러났음에도, 국무총리실 산하에 별도 기구를 설치해서 처음부터 다시 판단하겠다는 거예요. 저는 의문스럽습니다.

거기 예산도 얼마 없고, 그런 상태에서 계속 시간만 끄는 느낌이 들죠. 그러는 사이 환경적인 문제는 부각이 될 수밖에 없는 상황이고요. 우리도 보도를 통해 하루빨리 재자연화하는 쪽으로 결정이 날 수 있도록 노력해야죠.

지승호: 그러한 탐사 취재를 통해 4대강 사업을 국민적 관심거리로 만들었다고 할 수 있는데요. 그런 면에서 보람이 있었을 것 같습니다.

최승호: 그렇죠. 궁극적으로는 4대강 사업이 잘못된 결정이었다는 것을 정부와 국가가 인정하고 공식적으로 청산해야죠. 국민을 속인 일대 사기극으로 범죄적인 사건이었다는 점을 인정하고 그 주역인 이명박 씨를 기소해야 한다고 봐요. 4대강을 대운하사업으로 추진할 것을 지시한 이명박 씨와 충실한 하수인 역할을 했던 사람들을 범죄자로서 역사에 남기고, 기소해서 처벌을 받도록 해야 한다고 봅니다.

지승호: 불법적인 과정에 참여해서 얻은 이익을 환수할 필요도 있을 것 같은데요. 국가나 사회에 손해를 끼쳤다면, 죄를 물을 필요도 있을 것 같고요.

최승호: 그렇죠. 불법 행위를 했다면 그래야겠죠.

지승호: 불법적인 시공으로 지은 건물이 무너졌다면 책임자를 구속하지 않습니까? 외려 큰 사고를 치면 책임을 묻기 어려워지는 경우가 많은데요. 4대강 사업을 취재하시면서 씁쓸할 때가 많았을 것 같습니다.

최승호: 우리 역사에서 정의가 제대로 선 경우가 별로 없기에 불의에 무감각해진 측면이 있어요. 권력의 불의를 당연하다고 여길 수밖에 없는 사회에서 오랫동안 살아온 거죠. 역설적이지만 그래서라도

계속 정의를 외칠 수밖에 없는 것이고요. 그런 측면에서 보면 우리나라 언론인은 혜택받은 사람들이라고 할까요. (웃음) 워낙 불법 · 불의가 많다 보니 취재할 거리들이 넘쳐나잖아요. 뭘 취재해야 하나, 이런 고민은 전혀 할 필요가 없는 그런 세상에서 우리가 살고 있죠.

3부
나는 언론인이다

언론인은 왜 조로(早老)하는가

지승호: 안타까운 일이긴 합니다만, 흔히들 한국에서는 참언론인을 찾아보기가 힘들다고 합니다. 나이 들면 편하게 자리보전이나 하려는 분들이 워낙 많으니까요. 그런 면에서 최 피디의 경우는 이질적인 존재로 보이기도 하는데요. 외롭지는 않으세요? (웃음)

최승호: 그렇지는 않아요. 후배들도 저같이 나이를 먹고서도 열심히 취재하고, 프로그램 만드는 선배를 보면서 롤모델로 삼는 것 같습니다. 대개 나이 들면 부장 하고 국장 하고, 그다음에 본부장 하고 지방 계열사 갔다가 운 좋은 사람은 사장 하고, 아니면 퇴직해서 그때부터는 완전히 다른 삶을 살아야 하고, 이런 식으로 미래를 그리거든요. 피디라는 직종 자체가 그래요. 선택의 여지가 많지 않죠. 기자라면 간혹 정치판을 기웃거리다가 국회의원에 출마하는 사람도 있고 하지만요. 그런데 제가 지금 이런 길을 걷는 데는 이명박 씨의 역할이 큰 것 같아요. 다른 사람이 대통령이었으면 아마도 저는 이런 삶을 살아오지 못했을 거예요. 평범한 방송사 간부로 살았겠죠. 별로 하고 싶지 않은 일을 하면서 살게 됐을 것 같습니다. 그런 면에서 본다면 지금의 삶은 이명박 씨가 준 선물이에요.

　저는 조직을 관리하는 역할에 매력을 느끼지 못하는 것 같아요. 저도 꽤 오래 여러 프로그램의 부장 생활을 했는데, 그러면서 느낀 것은, 조직 관리자로서의 나는 결코 행복하지 않다는 것이었습니다. 2005년에서 2006년까지 〈PD수첩〉 담당 부장을 할 때는 사실 특종도 굉장히 많이 했어요. 황우석 사건을 비롯해서 JU네트워크, 치과의 비밀 등등 하는 것마다 히트를 했고 청와대에서도 매주 '다음엔 〈PD수첩〉에서 또 뭘 하나' 했다는 이야기도 들었습니다. 방송할 때마다 대한민국 사회가 조금씩 변화하는 모습도 볼 수 있었고, 그런 면에서는 행복한 시절이었죠. 그러나 프로그램을 기획하고 데스

크를 보는 거 하고 현장에 나가서 직접 세상과 부딪치는 거는 느낌이 달라요. '살아 있다'는 느낌의 밀도가 다릅니다. 현장에 있을 때가 훨씬 강하죠. 이명박 씨가 아니었으면 그런 즐거움을 잃어버릴 뻔했는데, 다행히 그가 대통령으로 당선되기도 전에, 당선될 거라는 가정 하에 제가 간부에서 짤렸고, 그 뒤부터는 저에게 행운이 왔죠. (웃음)

간부에서 밀려난 직후에 그동안 바빠서 못 가고 있던 탐사보도 연수를 갔다 왔고, 탐사보도 공부를 했고, 이후에 〈PD수첩〉에 돌아와서 피디로 일했습니다. 〈PD수첩〉 담당 부장과 앵커를 했던 사람이 개별 피디로 돌아온 건 제가 처음이었을 텐데요. 그러면서 피디로서, 언론인으로서, 저널리스트로서 다시 태어난 거죠. 그렇게 지금까지 왔는데요. 그동안 〈PD수첩〉 팀에서 쫓겨나기도 하고, 해고되기도 하고, 그런 우여곡절을 겪었지만 생각해보면 참, 나를 위해서 다행스럽다. 그리고 행복하다. 이런 생각을 할 때가 많아요. 해고된 다른 동료들한테는 대단히 미안한 얘기인데요, 어떨 때는 김재철 씨가 고맙게 생각된 적도 있어요. (웃음)

지승호: 한국 언론인들의 가장 큰 문제는 뭐라고 생각하십니까?

최승호: 저는 우리나라 언론인들의 가장 큰 문제가 조로(早老)라고 생각합니다. 나이 들어서 책상 하나 차지하고 앉아서 후배들한테 이거 해라, 저거 해라, 하고 후배들이 기사 써오면 빨간 줄이나 찍찍 긋고 있고, 내로라하는 권력자들하고 점심 약속 하러 나가서 청탁하고 청탁받고 이런 일을 하지 않으면 무능한 사람인 것으로 치부됩니다. 현장에 저널리스트로서 50살 이상 된 사람이 나가면 마치 무슨 부적응자요, 무능한 사람인 것처럼 치부되는 한국 언론계의 현실이야말로 바뀌어야 한다고 생각해요. 그래야 언론이 제자리에 설 수 있어요. 간부자리만 바라보고 살아가는 언론인은 자기가 본 그대로 기사를 쓸 수가 없어요. 그대로 방송할 수도 없고요. 간부가 되려면 윗사람 마음에 들어야 하잖아요. 그들이 싫어하는 기사는 절대 쓰면 안

되죠. 아직도 언론 환경이 굉장히 힘들지만, MBC 같은 굉장히 특수한 경우를 제외하면 담당 기자가 마음먹으면 쓸 수 있다고 봐요. 눈치 보니까 못 쓰는 거거든요. 그래야 오래 살아남을 수 있고, 계속 자리를 차지하고 있어야 남들로부터도 출세했다는 말을 들을 수 있죠. 그걸 행복이라고 생각하는 행태들이야말로 한국 언론에서 사라져야 합니다. 저는 비록 타의로나마 시사·교양 부문에서 그런 '전통'을 없애는 데 일조한 셈이에요.

　요새는 나이 들어서도 취재하고, 프로그램 만드는 사람들이 많아요. '대기자'라고 해서 나이 든 기자들이 취재도 많이 하죠. 조금씩 바뀌고 있다고는 봅니다만, 이게 일상적인 것이 되어야죠. 제가 미국 IRE(investigative reporters and editors)에서 공부할 때, 여기가 탐사보도 교육 훈련을 시키는 곳이거든요. 그쪽 교육 훈련 프로그램에서 나이 든 기자들도 많이 봤어요. 60살 넘은 분들이 온다니까요. AP통신의 노(老)기자가 와서, 컴퓨터 활용보도(CAR, computer assisted reporting) 같은 새로운 탐사보도 기법을 어린 친구들과 함께 배우고 그러더라고요. 회사에서 돈을 대주느냐 하면 그것도 아니에요. 자기 돈으로 휴가 내고 와서 하는 거예요. 왜 이렇게까지 하느냐고 물으니 기자로서의 실력을 키우기 위해서라는, 어찌 보면 당연한 대답을 합니다. 우리하고는 다르죠. 우리나라 언론인들은 후원받아서 공짜로 해외 연수 가잖아요. 솔직히 말해서 가도 제대로 공부합니까. 물론 열심히 하시는 분이 있긴 하지만 말이에요. 어쨌건 우리나라 언론인들은 기량을 쌓는 것보다 연줄 잡은 데 많은 에너지를 씁니다. 그래야 더 좋은 자리에 갈 수 있다는 게 상식처럼 자리잡고 있는 거예요. 기사 열심히 쓰고, 공부하고 노력하는 사람들이 제대로 평가받고 그래서 더 책임 있는 자리로 가는 그런 상황이 아니란 말이죠.

지승호: 청와대나 대기업에서 부르면 '나를 뭐로 보고 그러냐? 언론인을 뭐로 보나? 나는 이 일을 계속 할 거다.' 이런 사람들이 별로 없었기 때문에 그런 것 같기도 한데요.

최승호: 거의 없어요.

지승호: 개인의 성향 같은 것도 있을 거고요. 남과 다른 선택을 하는 데는 기질적인 차이도 작용하지 않나요? 낙천적인 부분도 있으신 것 같고요. 물론 힘드셨겠지만, 스스로 재밌는 일을 찾아서 해오셨고, 아까 오히려 고통을 준 이명박이나 김재철에게 감사하다는 말씀도 하셨고요. (웃음)

최승호: 인생관의 차이라고 할까요? 저는 꼭 높은 자리로 가는 게 의미 있는 것이고, 그래야만 나의 인생이 가치 있다고 생각한 적이 없어요. 내가 어떤 인생을 살았느냐, 하는 것은 다른 사람이 말해주는 것이 아니잖아요. 순전히 나 자신이 판단하고 느끼는 것인데, 보니까 나는 좋은 프로그램을 만들었을 때가 가장 행복하더라고요. 관리직인 부장도 해봤지만, 그래서 행복했느냐 하고 자문해보면 그렇지 않았거든요. 나 자신을 관찰해봤을 때 저는 좋은 프로그램을 만드는 것을 가장 중요한 일이라고 생각하는 사람인 거예요. 그래서 그런 쪽으로 계속 내 인생을 이끌어온 것이죠. 좋은 프로그램이란 윗사람들이 원하는 프로그램이 아닙니다. 사회적으로 정말 필요한 프로그램인 거죠. 그러다 보니 4대강 사업 같은 것을 취재할 수밖에 없었고, 그러니까 윗선하고 부딪치고, 결국 잘리고 그런 거죠.

기자는 질문하는 사람이다

지승호: 이명박 대통령 퇴임하는 날 가서 질문하셨잖아요. 물론 필요한 질문이고 누군가는 던졌어야 할 질문이지만, 나이 든 선배가 선정적인 보도를 하려고 한 건 아니냐고 생각한 사람도 있을 것 같습니다.

최승호: 오버한다고 생각할 수도 있죠.

지승호: 그런 시각은 의식하지 않았나요?

최승호: 별로 생각 안 했던 것 같아요. 그 질문을 할 수 있는 사람은 나밖에 없으니까요. 누가 그 질문을 할 수 있겠어요? 그 밖에도 대통령에게 할 질문들이 얼마나 많습니까? 그런데도 다른 사람들은 왜 묻지 않았을까요? 현직 대통령이 그만두는 날이긴 하지만, 어쨌거나 대중들을 만나는 상황이라면, 소회를 물을 수도 있고 중요한 몇 가지 질문을 던질 수도 있잖아요. 아마 외국 같았으면 기자들이 한군데 모여서, 혹은 삼삼오오 떨어져서, 지나가는 대통령한테 한마디씩 물어봤을 겁니다. 우리는 그렇게 못 하는 거예요. 우리나라 언론이 얼마나 개판인가를 보여주는 장면입니다. 그때 여전히 MBC에 있었다면 저도 그렇게는 못 했을 겁니다. 제가 피디가 아니라 기자였다면 더군다나 못 했을 가능성이 크죠. 위에서 "왜 시키지도 않은 짓을 해"라고 할 수도 있고요.

지승호: 조직을 생각하지 않고 말이죠.

최승호: 어떻게 대통령한테 그렇게 할 수가 있어, 뭐 그럴 수도 있는 거고요. 그러니까 기자들이 튀지 않으려는 거죠. 출입처 시스템도 그런 분위기를 만들어내는 원인이에요. 출입처라는 게 사실상, 물론 담

합은 아니지만, 서로 눈치 보면서 선을 지키자는 거거든요. 적당한
수위를 유지하는 그런 언론 행위를 하는 겁니다.

지승호: 기자라는 것이 직업 특성상 약간의 '곤조'가 있어야 하니까
탄압을 하면 오히려 반발할 수도 있잖아요. 그런데 출입처 시스템에
서는 자기들끼리 견제하거든요. 다 함께 아는 사실을 혼자 특종이라
고 써버리면 배신자 취급받기도 할 것 같아요. 같이 밥을 먹고, 술 마
시는 문화에서 말이지요.

최승호: 출입기자단이라는 게 긍정적인 부분도 있습니다. 출입기자
들이 공동으로 요구하면 거부할 수가 없거든요. 당신네 이거 너무 하
는 것 아니냐, 기자회견을 하자, 기자들의 질문을 받아라, 이러면 장
관이든 누구든 꼼짝없이 해야 하잖아요. 그 정도로 출입기자단이 힘
이 있는 거거든요. 공익을 위해서 기자단이 할 수 있는 것이 굉장히
많습니다. 그런데 사실은 그렇게 하는 기자단이 거의 없죠. 청와대
출입기자단이 그런 사실을 잘 보여줍니다. 박근혜 대통령 취임 1년이
될 때까지 한 번도 기자회견을 안 했잖아요. 그걸 기자들이 당연하게
받아들이고는 아무도 대통령에게 질문을 안 하는 거예요. 우리나라
언론의 또 다른 비극입니다. 저는 출입처 제도 자체가 완전히 없어져
야 한다고 생각하지는 않지만, 그런 해악은 상당히 심각하다고 생각
합니다.

지승호: 이명박 대통령 퇴임식 장면으로 돌아가서요. 그날 봉변을
당하거나 하지는 않았나요? 방송에는 경호원들이 끌어내는 장면까
지 나왔는데요.

최승호: 제가 MB한테 직접 물으니까 경호원이 당황했겠죠.

지승호: 의경 하나가 걸어오는 장면도 보였고요.

최승호: 저를 상당히 위험하게 봤겠죠. 분위기가 좋지 않아서, 질문을 던진 직후에 현장을 떠났어요. 그 사람들이 계속 신경 쓸까 봐. 우리 후배들이 이명박 씨를 계속 촬영하는 상황이었기 때문에.

지승호: 방송이라는 것은 글로 전달하는 기사와 달라서 현장의 '그림'을 전달하는 것도 중요하지 않습니까? 일종의 다큐멘터리 영화 같은 측면도 있다고 여겨지는데요. 최소한의 연기도 필요할 것 같은데, 혹시 이런 걸 의식한 부분도 있습니까?

최승호: 그거야 당연하죠. 짧은 순간이잖아요. 악수를 하는 잠깐의 순간. 그렇다고 대통령 손을 붙잡고 안 놓을 수도 없는 거고요.

지승호: 잘못하면 시청자들에게 진짜 과하게 보이게 되고요.

최승호: 오버했다가 안 하느니만 못한 결과를 가져올 수도 있으니까요. 그 짧은 순간에 예의를 잃지 않으면서도 정확한 질문을 하려면 어떻게 하는 것이 좋을까, 고민했고 그대로 한 겁니다.

지승호: 평소에도 목소리가 높지 않으시지만, 흥분할 수도 있는 상황에서 일정한 톤을 유지하시더라고요.

최승호: 갑자기 질문하는 거잖아요. 상대가 놀랄 수도 있으니까요. 먼저 4대강 사업에 대해서 질문을 하고, 질문 드려서 죄송하다는 얘기를 하면서 한 번 더 물었죠. 예의는 다 차린 겁니다. 외려 이명박 씨가 예의를 안 차린 거죠. 질문을 받았으면 답변을 해야 하는데, "어…, 나중에." 하면서 지나가버려요.

지승호: 거기서는 답하기 힘들었겠죠. (웃음) 현장에 나갈 때 의상이나 이런 것에 신경을 쓰시나요?

최승호: 그냥 평소에 입던 대로 입어요. 그날은 처음부터 이명박 씨를 인터뷰하려고 마음먹은 건 아니에요. 접근이 불가능할 거로 생각했거든요. 그런데 막상 현장에 가보니까 마지막 날이라서 그런지 만날 수 있는 동선으로 되어 있더라고요. 그래서 인터뷰를 시도한 거죠.

'탐사보도'라는 새로운 지평

지승호: 어제 10시 기준으로 〈뉴스타파〉 후원자가 3만 2117명이던데, 〈뉴스타파〉 운영은 어떤가요? 최 피디님 생계는 어떠세요?

최승호: 생계는 〈뉴스타파〉에서도 반을 주고 우리 노조에서도 반을 주고 하니까 큰 문제는 없죠. 〈뉴스타파〉의 운영은 다행히 후원 회원들이, 조금씩이지만 계속 늘고 있어요. 3만 명이 넘었기 때문에 현재 상태에서 이 정도 유지하고 가는 데는 큰 무리가 없습니다.

지승호: 외국 같은 경우 거액의 후원을 받고 운영되는 탐사저널리즘 단체가 많지 않습니까? 그런데 외려 그쪽에서 〈뉴스타파〉를 부러워한다고 하던데요.

최승호: 사실입니다. 굉장히 부러워해요. 세계적으로 유일한 모델입니다. 소액 후원만으로 탐사보도 매체를 꾸려가는 것이 〈뉴스타파〉가 유일하다고 하더라고요. 작년에 브라질에서 열린 세계 탐사보도 총회에 참석했는데요. 전 세계적으로 비영리 탐사보도 매체가 수십 개 되거든요. 그 사람들이 와서, 우리 매체의 개미 후원자, 시민 후원자가 3만 명이라는 얘길 듣더니 깜짝 놀라면서 다들 부러워하더라고요. 그쪽은 파운데이션, 즉 재단이나 돈 많은 독지가들로부터 기부받

아서 운영하거든요. 우리는 그렇게 하기가 어렵죠. 우리나라도 돈 많은 사람들이야 많지만, 〈뉴스타파〉 같은 곳에 큰돈을 기부할 수 있겠어요. 정권에 밉보인 언론 매체를 돕는다는 소문이 퍼졌다간 권력기관들, 국세청, 국정원 이런 데서 가만 놔두지 않을 겁니다. 그러니 하고 싶어도 못 하는 거예요.

지승호: 기업 후원을 받으면 그 기업을 비판하기도 힘들겠지요.

최승호: 꼭 대기업이 아니더라도 좋은 뜻을 가진 엔젤 기부자들도 충분히 있을 수 있지만, 그런 분들도 〈뉴스타파〉처럼 일상적으로 국정원하고 싸우는 매체에다가 후원하기는 어렵죠.

지승호: 과거에 그런 일이 실제로 있지 않았습니까? 해당 기업을 사찰하거나 세무조사로 피 말리게 하는 경우도 있었고요. 그러지 않더라도 당국에서 '후원하고 있냐?'는 전화만 받아도 충분히 압박을 느끼는 거고요.

최승호: 이명박 정부 때 시민단체에 대한 기업의 지원이 끊겼잖아요. 박원순 서울시장이 시민단체에서 활동할 때 그 문제로 기자회견을 했던 적도 있죠.

지승호: 사람들이 농담 반 진담 반으로 〈국민TV〉나 〈GO발뉴스〉와 합치는 게 어떠냐? 합니다. 후원금 여러 군데 내기 귀찮다고 하기도 하는데요. 인프라를 합치는 게 좋지 않느냐는 의견도 있고요. 노종면 앵커 같은 경우는 〈뉴스타파〉 계시다가 〈국민TV〉로 가시지 않았습니까?

최승호: 저는 따로 하는 게 낫다고 생각합니다. 한군데 몰아넣으면 표적이 되기 쉽다는 생각도 들고요. 실수로 대항 매체들이 한 번에

와르르 무너지는 것도 예방할 수 있고요.

지승호: 서로 선의의 경쟁도 할 수 있는 거고요.

최승호: 그렇죠. 서로 조금씩 색깔이 다르잖아요. 〈뉴스타파〉는 탐사보도에 강점을 갖고 있고요. 〈국민TV〉의 '뉴스K'는 데일리 뉴스를 하는 거고, 각자의 장점을 고스란히 유지해가는 게 옳다고 생각합니다.

지승호: 〈뉴스타파〉의 공식 명칭이 '한국 탐사저널리즘 센터'잖아요. 앞으로 탐사저널리즘의 내용을 어떻게 채워나가야 한다고 생각하십니까? 새로운 모델이기에 주목하는 사람들도 많이 있는데요.

최승호: 점점 더 깊은 탐사를 해야겠죠. 후배들 트레이닝을 시키는데에도 노력을 쏟아야 하고요. 아직까지는 후배들이 본궤도에 오르지 못해서 아무래도 선배들이 맡아서 하는 부분이 많습니다. 일이 몰리다 보니 충분히 시간을 들이고, 공들여서 하기 힘든 부분들이 있는데요. 이런 점들도 개선하고 탐사보도 기법도 개발해야 합니다. 외교나 안보처럼 우리가 아직 접근하지 못한 분야도 개척해야 하고요.

지승호: 〈뉴스타파〉를 꾸려가는 분들이야말로 한국 탐사 저널리즘에서는 전설 같은 존재인데요. 후배 분들 입장에서는 다소 부담이 될수도 있을 거 같거든요. 선배들이 볼 때 '왜 저런 것을 못 하지?' 하는 불만도 있지 않을까요.

최승호: 빨리 배우고 있어요. 선배들이 하는 것을 일상적으로 보면서 잘해나가고 있습니다.

정확한 자료, 윤리적인 취재

지승호: 업무에 있어서는 칼같이 말씀하신다고 하던데, 후배들한테
강조하는 것은 무엇인가요?

최승호: 진실을 알아내려는 의지, 저는 그게 가장 중요하다고 말합
니다. 진실을 알아내는 과정에서 윤리적이어야 된다는 것, 그것도 중
요합니다. 물론 불가피할 수도 있지만, 최소한 의도적으로 상대를 속
이거나 이용해서는 안 돼요. 누구에게 사기 치고, 누구를 해롭게 하
면서 진실을 밝혀낸다, 이건 어불성설입니다. 그보다는 진정성을 가
지고 어떻게든 설득하고, 정당한 방법을 통해서 증거를 확보하고, 이
렇게 해서 보도하는 것이 중요하죠. 취재 과정에서 윤리성을 상실하
면 그 결과가 아무리 훌륭하다고 해도 결국은 제대로 된 평가를 못
받고, 심지어 취재 결과조차 역이용을 당해서 묻혀버리는 경우가 많
습니다. 경험이 부족한 후배들은 항상 그런 부분들을 유념해야 해요.

지승호: 취재 대상은 이쪽의 허점을 찾으려고 만반의 준비를 하고
있을 거고요.

최승호: 윤리적으로 허점이 없는 보도를 하면 그런 공격에도 강할
수밖에 없습니다. 상대가 아무리 공격을 해도 떳떳하니까. 만약 그런
과정이 취약하면 예컨대, 국정원 같은 데서 이것을 갖고 물고 늘어질
수도 있고, 그러면 매체 자체가 위험해질 수 있는 거죠.

지승호: 〈뉴스타파〉는 리서치팀을 통한 '데이터 저널리즘'이 강점인
데요. 새로운 시도인 것 같습니다.

최승호: 데이타에 기반해서 방송을 하니까 그야말로 깨끗한 보도인

거죠. 〈뉴스타파〉가 특종 보도한 조세 회피처 집중 보도만 해도 그렇습니다. 우리가 직접 데이터베이스에 있는 자료들을 찾아요. 거기에 있는 도큐먼트를 기초로 보도하니까 틀릴 수가 없죠. 우리가 실명으로 다 보도를 했잖아요. 그런 보도는 아무리 해도 누가 감히 소송도 못 걸죠. 〈뉴스타파〉는 그런 보도를 추구합니다.

지승호: 〈뉴스타파〉가 조세 회피처에 유령회사를 설립해 자금을 빼돌린 국내 기업체의 명단을 발표하는 특종을 터뜨렸는데요. 그중 전두환 전 대통령의 아들인 전재국 씨의 페이퍼 컴퍼니(paper company, 서류상으로만 존재하는 회사)가 드러나서 검찰과 국세청이, 전두환이 은닉한 불법 비자금에 대한 추징금 미환수 금액인 1672억 원에 대한 재산 추적에 나서게 되었지요.

최승호: 결국은 추징금을 다 내게 됐죠. 법이 바뀌고 여론에서 압박하니까, 추징금을 내겠다, 이렇게 나왔던 거고요.

지승호: 발표한 명단이 전부는 아니잖습니까? 후속으로 준비하는 기사는 있습니까?

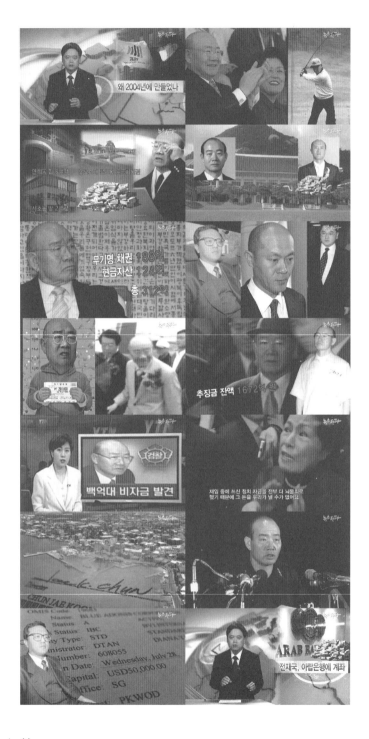

왜 2004년에 만들었나

무기명 채권 188억
현금자산 124억
총 312억

추징금 잔액 1672억 원

백억대 비자금 발견

재임 중에 쓰신 정치 자금을 전부 다 뇌물죄로
했기 때문에 그 돈을 우리가 낼 수가 없어요

전재국, 아랍은행에 계좌

ARAB B...

CHUN JAE KOO
OMIS Code
Name: BLUE ...
Status: A
Status: IBC
...y Type: STD
...ministrator: DTAN
...Number: 608055
...n Date: Wednesday, July 28
...apital: USD50,000.00
...Office: SG
PKWOD

최승호 : 외국계 기업으로서 최초로 영종도 카지노 사업 허가를 받은 '리포앤시저스'라는 기업이 있어요. 문화부에서 사실 이 기업한테 특혜를 줘서 허가를 내준건데, 그 기업 대표하고 임원들이 조세회피처에 페이퍼 컴퍼니를 무려 수십 개나 갖고 있는 것으로 드러났어요. 윤리적으로 문제가 없다는 정부 발표가 거짓이었음이 밝혀진 거에요. 오늘 〈뉴스타파〉를 통해 보도가 나갈 예정입니다. 이런 문제들은 한 번 보도하고 끝날 일이 아니에요. 우리는 어떤 사안이든 항상 기본에서 시작합니다. 자료를 바탕으로 거기서 의문점을 찾아보고 문제가 있다 싶으면 깊이 취재에 들어가죠.

지승호: 데이터베이스가 쌓이고, 관리가 된다는 것이 언론사로서 큰 힘일 것 같은데요. MBC에 계실 때는 이런 게 왜 필요하냐고 말하는 사람들도 있었다면서요.

최승호: 제가 미국의 IRE 다녀와서 〈PD수첩〉팀에 그 시스템을 만들었어요. 그전에는 KBS 탐사보도팀이 데이터 저널리즘에 강했거든요. 〈뉴스타파〉의 김용진 대표가 KBS에서 팀장으로 있을 때 그런 시스템을 만들었는데, 2008년도에 정연주 사장 쫓겨나면서 김용진 팀장도 울산으로 쫓겨나고, 그러면서 탐사보도팀이 거의 해체돼요. 그때 제가 2009년도에 IRE 갔다 와서 KBS 탐사보도팀에서 일하던 최윤원이라는 친구를 〈PD수첩〉으로 스카우트했어요. 그 후로 데이터 저널리즘을 활용한 탐사보도를 〈PD수첩〉이 왕성하게 했습니다. 낙하산 인사를 전수조사해서 발표하기도 했고요. 서울 시내에 있는 재건축 아파트를 소유한 공직자들이 얼마나 되는지 조사해서 발표하기도 했어요. 그런데 MBC 파업 이후에 그 팀이 〈PD수첩〉에서 없어집니다. 새로 온 〈PD수첩〉 팀장이 그런 게 왜 필요한지 모르겠다고 하면서 없애버려요. 그때 그 일을 하던 최윤원 씨가 지금 〈뉴스타파〉에 있습니다.

지승호: 손석희 아나운서의 JTBC 행은 어떻게 보시나요?

최승호: 저는 시종일관 손석희 선배가 나름대로 목표가 있기 때문에 갔을 것이다, 어떻게 JTBC를 바꿔놓을지 잘되기를 성원하면서 지켜보자, 그런 입장이었어요. 가고 난 직후에 워낙 비판들이 많았잖아요. 저라도 긍정적으로 보고 싶었습니다.

지승호: 말씀하신 것처럼 생각이 있기 때문에 갔을 거니까 지켜보자는 쪽도 있고, 결국은 대기업의 이익을 위해 복무하는 것이 아니냐는 쪽도 있었는데요. 손석희 아나운서가 최승호 피디처럼 〈뉴스타파〉에 왔으면 많은 사람들의 관심을 끌지 않았겠냐는 의견도 있거든요. 어떻게 보면 전반적으로 안 좋은 영향을 줄 수 있을 것 같기도 하고요.

최승호: 글쎄요. 가정해서 뭐라고 이야기하기는 어렵네요.

고통스러운 진실과 마주하다

지승호: 최승호 피디는 정권이 두려워하는 언론인 중 한 명일 텐데요. 노무현 정권 때 황우석 사태, 이명박 정권 때 4대강 사업, 검찰 비리, 현 정권에서도 국정원, 이런 식으로 계속 성역들을 다루신 셈인데요. 혹시 두려운 것이 없으세요?

> **최승호**: 내가 가장 많이 두려워했던 것은 황우석 사태[10] 때였고요. 다른 때는 그렇게 두려움을 느끼지는 않았던 것 같아요. 당시 90퍼센트 이상의 국민이 황우석 씨를 지지하고 있었고, 〈PD수첩〉이 방송을 하면 국민에게 어마어마한 비난을 받을 거라는 걸 짐작했어요.

> 10) 2005년 11월 22일 〈PD수첩〉은 '황우석 신화의 난자 의혹' 편에서 연구에 쓰인 난자 출처에 의혹을 제기하며 줄기세포 연구의 비윤리성을 비판한다. 이후 〈PD수첩〉은 황우석 비판은 국익에 반하는 행위라며 전 국민적인 비난을 받는다. 네티즌들이 광고주에게 압력을 행사해 광고 없이 방송을 내보내는 사태가 일어나고 황우석 박사의 연구를 위해 난자를 기증하자는 운동이 벌어진다. 이후 〈PD수첩〉은 내부 제보자의 진술을 토대로 황우석 교수의 2005년 〈사이언스〉 지 논문의 진실성에 의혹을 제기한다. 황우석 교수 측에서 받은 줄기세포의 DNA검사 결과 배아줄기세포의 DNA 지문이 환자들의 것과 일치하지 않는다는 사실을 발표한다. 또한 생물학연구정보센터(BRIC)와 한국과학기술인연합(SCIENG) 사이트에 〈사이언스〉 논문 사진에 대한 의혹이 제기된다. 같은 해 12월 15일 노성일 미즈메디 병원 이사장은 "2005년 사이언스 논문에 줄기세포가 없었다"는 발표를 하고 23일 서울대 조사위원회가 "2005년 사이언스 논문이 고의로 조작됐다"고 발표하면서 의혹은 사실로 밝혀진다.

지승호: 실제로 결과가 그랬고요.

> **최승호**: 우리가 2005년 11월부터 황우석 사태와 관련해 시리즈로 총 다섯 편[11]을 방송했잖아요. 방송하기 전부터 '방송하지 말라'는 항의가 많았어요. 그래도 첫 번째 방송이 나가면 조금 완화될 거로 생각했는데, 더 심해졌어요. 정말 견디기 힘들 정도로. 광고도 다 떨어져 나가고, 우리 직원 자녀들이 학교 가서 "쟤, MBC야." 하면서 다

른 애들한테 욕먹고.

지승호: 옛날에 "쟤, 빨갱이 자식이야." 하고 놀리던 것과 비슷하네요.

최승호: 'MBC는 왜 그래?' 하는 식으로 괴롭힘을 당했다는 건데요, 동료들의 자식들까지 괴로워해야 한다는 그런 게 제일 두려운 부분이었던 것 같아요. 그럼에도 우리는 실체적 진실이 밝혀지면 모든 게 달라질 거라고 생각했습니다. 그리고 실제로 그렇게 됐죠. 두 번째 프로그램인 'PD수첩은 왜 재검증을 요구했는가?' 편을 방송하자 분위기가 순식간에 바뀌잖아요. 그 과정에서 후유증도 컸습니다. 국민들 입장에서는 믿었던 사람한테 속은 거잖아요. 마음속 상처가 깊어서 한동안은 〈PD수첩〉을 안 보는 경향이 강했습니다. 저도 그만뒀어요. 사람들이 저를 보면 황우석 사태를 떠올릴까 봐. 앵커와 책임 피디 역할을 내려놓고 〈W〉로 갔는데요. 그때가 제일 힘들었던 거 같아요. 이후로는 특별히 두렵고 그런 건 없더라고요. 결국은 국민이 우리를 성원하고 지지해줄 거로 생각하거든요. 물론 국정원은 싫어하겠죠. 정부도 싫어하겠지만, 그들이 어떤 음모를 꾸밀지는 모르겠지만, 이제는 두려움을 느낄 이유가 없는 거죠.

지승호: 예전에 〈PD수첩〉 20주년을 기념하는 프로그램 'PD수첩: 진실의 목격자들' 편에서 "저널리스트가 구조적으로 약자인 쪽에 서 있을 때 강자들이 굴복시키려고 한다는 거야 충분히 예상할 수 있는 일이다. 다만 그걸 어떻게 극복하느냐 하는 점이 중요한 것이다. 우선 철저하게 사실 확인을 해서 정확한 보도를 해야 하고, 그래도 그 부분에 대해 강자들이 체계적으로 옭아매서 올가미를 씌운다면, 올가미를 써야 한다. 올가미를 쓰는 수밖에 방법이 없다. 올가미를

쓰고 싶지 않다고 해서 피하면 그것은 더 이상 저널리즘이라고 할 수가 없다"라고 말씀하셨는데요. 성역 없이 취재하고 그 결과에 대해서는, 권력들의 위협 같은 것은 두렵지 않은데, 그 모든 것보다 황우석 사태가 10배 정도는 힘들었던 것 같다고 하셨습니다.

최승호: 힘들어서 그때부터 고혈압이 됐어요. 최악의 상황에서 혈압을 재보니까 수치가 200이 넘더라고요. 그때부터 혈압약을 계속 먹고 있죠.

지승호: 그때 워낙 큰 사건을 겪으셨는데 가치 판단의 혼란을 느끼거나 그러지는 않으셨나요?

최승호: 그 사건 이후 뭐라고 할까, 길게 보는 관점을 갖게 됐죠. 어떤 사안을 취재해서 보도할 때 그것을 단발적으로, 방송하고 난 직후만 생각할 것이 아니라 굉장히 길게 봐야 한다는 거예요. 방송이 사회에 어떤 영향을 줄 것이고, 그 과정에서 어떠어떠한 일들이 일어날 수 있고, 이 사안으로 인해서 수사와 기소가 이루어질 수 있고, 재판이 이루어질 수 있고, 재판에서 상대는 계속 무죄를 주장할 것이고, 결국은 오랜 시간이 걸리고 난 뒤에야 대법원에서 최종적인 판결이 날 것이고, 그러고 나서야 사회적 합의로서 하나의 논거가 생길 것이라는 거죠. 그럼에도 여전히 주류의 판단을 믿지 않는 소수는 있을 것이고, 그 소수는 끊임없이 비난할 것이다. 이런 부분들에 대한 관점이 생긴 겁니다. 취재할 때 길게 보기 때문에 속도보다는 정확성, 예를 들어서 10년이 지나도 견딜 수 있는 사실을 추구하게 된 거죠. "빨리빨리"야말로 데일리 뉴스를 다루는 사람들이 빠지기 쉬운 유혹인데요. 결국은 대법원 판결이라든지, 그것도 재심에 의해서 부정될 수 있는 것이긴 합니다만, 그런 식으로 최종적인 기록이 역사로 남는 거예요. 최초 보도, 이런 게 남는 게 아니거든요. 그런데도 사람들은 빨리 보도하려고만 해요. 그 과정에서 중요한 팩트(사실)가 틀린

다거나, 현혹당해서 특정한 사람을 이롭게 한다거나, 그런 일이 생기는데, 그런 부분들을 조심하고 안 하게 된 거죠.

지승호: 고통을 겪고 나서부터 언론인으로서의 생각이 더 깊어지신 거네요.

최승호: 그렇죠.

신뢰가 특종을 만든다

지승호: 어느 인터뷰에서 언론인에게는 창의력이 필요하다고 하셨는데요. 의제를 설정하는 능력과 그걸 효과적으로 전달하는 능력이 필요하다는 말씀이신 것 같은데, 그걸 기르려면 어떻게 해야 할까요?

최승호: 인문학적인 경험이 필요합니다. 저 같은 경우 대학 때 연극을 했어요. 연기도 하고, 연출도 하고, 그러면서 어떻게 하면 그 스토리를 효과적으로 잘 전달할 수 있는가 하는 훈련을 한 셈입니다. 그런 부분들이 도움이 많이 됐어요. 제가 피디 생활을 하면서 사건 취재를 하거나 프로그램을 만들 때도 그랬습니다. 사실을 전달할 때 무엇이 중요한 부분인가, 시청자로 하여금 그 부분을 중요하게 인식시키려면 중요한 팩트와 함께 클라이맥스 앞에 어떤 식으로 무얼 배치해야 폭발성이 강하게 될 것인가, 시청자는 그것을 중요하게 느낄 것인가, 이런 부분에 대한 감각이 있어야 하는 거죠. 똑같은 사안을 보도해도 감각 있는 사람이 제대로 보도하는 것과 나열식으로 보도하는 것은 임팩트(파급력)가 완전히 다릅니다.

하나 더 말씀드리자면, 상상력이 필요합니다. 취재를 하다 보면 장애물은 항상 나타나는데, 이를 어떻게 돌파할 것인가, 취재가 안 풀릴 때 이것을 어떻게 풀 것인가, 이러한 부분들은 단순히 논리와 분석만으로는 안 되는 측면이 있습니다. 이걸 어떻게 우회할 것이냐, 또 다른 취재 방법을 통해서 이것을 극복할 것이냐. 이런 부분들은 그 막힌 상황을 벗어나서 새로운 관점으로 한 번 생각해보는 능력이 필요한 거죠.

지승호: 연극도 대본 같은 콘텐츠가 있고, 사람들한테 전달할 주제가 있고, 그걸 효과적으로 전달하기 위한 진정성 있는 연기가 있다는 점에서, 말씀하신 방송과 일맥상통하는 것 같습니다.

최승호: 그럼요. 예술이나 인문학적 경험이 방송하는 데 도움이 많이 됩니다. 특히 시간성을 가지는 예술이 그래요. 시간의 흐름 속에 어떤 장면을 만들어냄으로써 인간의 인식 체계에 영향을 주는 행위니까요. 거기에 대한 경험과 지식이 있으면 사실을 효과적으로 전달할 수 있습니다. 둘 다 결국 사람의 인식을 바꾸는 거잖아요.

지승호: 〈뉴스타파〉 스페셜 '자백 이야기'는 애니메이션 기법을 사용해서 만드셨잖아요. 그것도 전달 기법을 고민하는 과정에서 나온 걸 텐데요. 조심스러울 수도 있지 않습니까, 다큐멘터리에서 애니메이션을 쓴다는 것이. 언론 매체이기에 고민을 좀 하셨을 것 같은데요.

최승호: 제가 MBC에 있었으면 못 했을 거예요. (웃음) 애니메이션이라는 것이 객관적인 서술로서는 조금 과한 방식이긴 해요. 그렇지만, 다큐멘터리에 충분히 적용 가능한 방법이라고 생각합니다. 그리고 사건을 좀 더 쉽게 전달해야겠다는 의도도 있었고요. 또 하나는, 우리가 재현할 수 없는 부분들이 너무 많았어요. 예를 들어서 유가려 씨가 합동신문센터 안에서 당했던 많은 일들, 수사 과정에서 있었던 일들이죠. 재연으로 할 수 없는 것을 애니메이션으로 대신한 거로 생

2013년 3월 4일
수원 지방법원 안산지원

막 찼거든요, 막 차서...

대머리 수사관은 주목으로 머리때리고
발을 때리고 (머리)앞을 찼거든요.

전기고문실 들어가야겠다, 정신 번쩍들게 해주겠다,
그때 내가 안가겠다고 재발 안가겠습니다.

자백이야기

구타를 당했다는 주장은 유리컵 깨진 부위박에 다쳐온 것을
합신센터에서 맞은 것으로 거짓 진술하는 것이다.

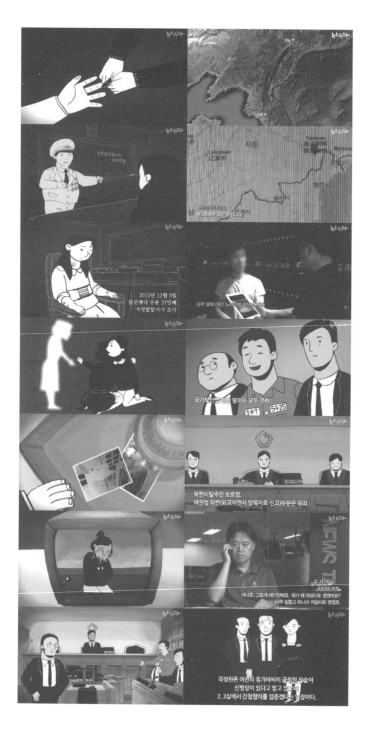

각하시면 될 거 같아요. 거기서 인물들이 말하고 행동하고 이런 것은 전부 다 공판조서를 기반으로 한 정확한 것이기 때문에 실제로 과장한 것은 전혀 없었어요.

지승호: 취재원들에 대한 접근도 중요한데요. 후배들이 취재원을 직접 만나지 않고, 전화로만 취재하면 화를 내신다고 들었는데요, 취재원이 피하거나 말을 안 하려고 할 때 어떻게 접근하나요?

최승호: 진정성이 제일 중요해요. 문제가 있는 사람들은 자기 얘기를 잘 안 합니다. 예를 들어서 나쁜 짓을 한 사람에 대해서 취재하고 보도하려면 직접 만나 이야기를 듣는 게 좋죠. 물론 감추려고 할 겁니다. 그래도 노력은 해야 합니다. 진정성을 보이면 다섯 중 한 명 정도는 인터뷰에 응할 때도 있고, 그렇습니다. 다른 목적은 없다, 당신을 비난하려는 것이 아니라 잘못을 바로잡으려는 것이다, 라는 식으로 진정성 있게 접근하면 그게 결국은 도움이 됩니다. 중요한 것은 진실을 그대로 담는 거예요. 오버하지 말고, 진실을 그대로 담아서, 비판 대상조차도 자기가 이 정도 비판은 감내해야 한다고 느낄 정도로 전달해야 합니다. 그런데 오버해서 그 사람이 하지도 않은 일을 했다고 하면 맨날 소송에 걸리는 거죠.

지승호: 내가 잘못하긴 했지만, 이건 좀 심한 거 아니냐? 라고 느끼면 안 되겠죠.

최승호: 제가 그동안 많은 보도를 했지만, 소송에 걸린 적은 몇 번 없어요. 옛날에 광림교회가 한 번 소송을 걸었고, 이번에 국정원 수사관들이 한 것 해서 딱 두 번이에요. 광림교회 건도 1심에서 MBC가 완승했죠. 보통 종교단체 소송은 끝까지 가는데, 광림교회가 그 당시에 1심에서 완벽하게 진 다음에 항소를 안 했어요. 아시다시피 국정원이 저와 김용진 대표를 명예훼손으로 고소했지만, 이미 증거 조

작 사실이 밝혀졌잖아요. 그러니까 이 건도 우리가 이길 겁니다. 중요한 것은 비판 대상의 이야기도 충분히 들어줘야 한다는 겁니다. 그게 굉장히 중요합니다. 항상 진정성을 가지고 대상에 접근해야 하고, 한 번 실패했다고 해서 포기하면 안 됩니다. 계속 시도해야 하고요. 마지막에 방송 나가기 직전까지 상대한테 이야기를 들으려고 노력해야 합니다.

신뢰라는 것은 한순간에 생기는 것이 아니거든요. 저널리스트에게 신뢰도는 생명과도 같기에 길게 보면서 쌓아가야 합니다. 특종을 하겠답시고, 순간적으로 사람을 현혹해서 자료를 얻고 그걸 근거로 보도하는 기자들은 오래 못 가요. 한 번 속지 두 번 속는 거 아니잖아요. 개인적으로 해결하고 싶은 문제가 있어서 제보하는 사람도 있지만, 사회를 조금이라도 낫게 바꾸고자 하는 진정성이 있는 사람들도 있거든요. 그런 분들이 보람을 느끼도록 해줘야 합니다. 예를 들어서 개인정보 같은 것은 노출이 안 되도록 철저하게 보호를 해줘야 하고요. 우리의 경우 황우석 사태 때 제보자를 끝까지 보호했어요. 그랬는데 이번에 스스로 커밍아웃을 했죠.

지승호: 잡지 〈나들〉에 인터뷰를 하셨더라고요.

최승호: 네, 황우석 교수 연구의 문제를 제보한 유영준 씨입니다. 지금은 강원대 교수로 계시죠. 어려운 과정을 거쳤지만, 결국 해피엔딩이 된 경우죠. 그런 어마어마한 제보를 한 사람이 잘된 경우는 정말 보기 드뭅니다. 우리나라에서 제보자들, 내부 고발자들이 대체로 징벌을 받고, 비참하게 되는 경우가 많잖아요. 그렇게 안 만드는 것이 굉장히 중요합니다. 그래야 신뢰가 쌓여요. 언론사든, 개인 언론인이든 신뢰도가 높아져야 제보도 오고, 그런 것이죠.

지승호: 한국 사회가 건강한 부분이 있는 것이 내부 고발자들이 고통당하는 것을 보면서도 그런 분들이 계속 나온다는 겁니다. '내 양

심상 우리 조직의 이런 부분은 고쳐야 한다'는 생각에 희생을 각오하고 제보하는 거잖아요. 그럼에도 아직까지는 말씀하신 해피엔딩이 드물지 않습니까? 보복이 뒤따르죠. 사소한 법적 위반을 문제 삼아서 감옥을 보낸다든가, 개인적인 약점을 잡아내서 이상한 사람으로 만들기도 하고요. 공익 제보자가 보호받을 수 있는 시스템이 거의 없는 상황인데요.

최승호 : 2011년 공익 신고자 보호법이 생기고 국민권익위원회에서 공익 신고를 접수하고 있기는 하지만 아직도 제보자 보호가 완벽하게 이루어지지 않는 걸로 알고 있습니다. 내부 고발, 공익 신고라는 게 사실은 기득권을 위협하는 거거든요.

지승호 : 같은 조직에서 함께 일하고 월급을 받는 사람들이 제보자를 배신자로 여기는 경우가 많이 있지 않습니까?

최승호 : 대표적으로 삼성 비자금 문제를 제기한 김용철 변호사 같은 경우가 그렇죠.

4부
어둠 속에서 우리는 전진한다

언론의 추락-통제의 시대

지승호: 〈뉴스타파〉가 고군분투하고 있지만, MBC와 KBS의 탐사보도가 활발할 때에 비하면 국민들이 알고 싶은 것에 대한 심층 보도가 부족한 것 같은데요. 이를테면 천안함 사건 같은 건, 지상파 매체에서 열 번도 더 심층적으로 다뤘어야 할 문제가 아니었을까 싶고요. 노무현 전 대통령 사망 사건이라든지, 의혹이 많은 사건들이 있는데요. 결과가 어떤 쪽으로 나오든 탐사보도의 시도조차 없었다는 것이 문제인 것 같습니다. 그만큼 이 시대가 얼어붙었다는 얘기일 것 같은데요. 예전 황우석 사태 때도 만약에 MBC에서 보도가 어려우면 들고 나올 생각도 했었다는 말씀도 하셨는데요, 개별 언론인이 〈뉴스타파〉 같은 방식으로 할 수도 있고요. MBC, KBS 같은 방송사에서 그런 취재 자체를 못 하게 하는 상황인 것 같습니다.

최승호: 그렇죠. 취재할 시간도 안 주고, 아예 취재를 못 하게 해요.

지승호: 탐사저널리즘이 꽃피려면 민주화된 상황, 민주화된 정부가 나와야 할 텐데요. 그러면 한동안 〈이제는 말할 수 있다〉 같은 프로그램이 봇물처럼 나올 것 같은데, 지금은 암울한 상황인 것 같습니다.

최승호: 갈 길이 멀죠.

지승호: 역사는 지금의 언론 상황을 어떻게 기록할까요?

최승호: 언론이라는 관점에서 보면 최악의 암흑기로 기억되겠죠.

지승호: 전두환이나 노태우 정권 때 이상으로요?

최승호: 전두환 정권 때까지는 아니더라도, 공영방송 내부의 자율성 측면에서 보면 노태우 정권 때보다는 훨씬 못한 것 같아요.

지승호: 그때는 노태우 대통령이 전두환 정권과 다르다는 걸 보여주고 싶어서, "나를 소재로 웃겨도 된다"고도 했죠.

최승호: 전두환 정권 때 언론을 확 잡아놨잖아요. 그런데 노태우 정부 초기에는 상당히 급격하게 자유화된 공간들이 있었어요. 그 공간 속에서 〈PD수첩〉이 생겼고요. 〈PD수첩〉이 그 당시에 공정한 보도를 굉장히 많이 했습니다. 그러다 우루과이 라운드를 보도할 때는 그 당시 사장이 방송을 연기하는 사태가 발생하기도 했지요. 나중에 3당 합당[12]이 이루어지고 난 뒤에는 탄압을 상당히 많이 받았습니다. 그런데 지금이 그때보다 힘든 상황이 아닌가, 그런 생각이 드네요. 3당 합당 뒤에 탄압받다가 1992년 결국은 MBC가 50일 파업을 했거든요. 파업을 통해서 그 당시에 해고자들도 다 복직 합의를 하고, 공정방송 조항도 새로 만들고 해서 토대를 만들었어요. 결국은 노태우 정부가 진 셈이거든요. 이후로 김영삼 정권이 들어서고, 어쨌건 우리 사회가 조금씩이라도 계속 진보적인 쪽으로 발전하고, 언론 자유가 조금씩 신장되었다고 생각합니다. 그런데 이명박 정권에 이어 박근혜 정권까지, 두 번 연속으로 역진(逆進)하면서 그 이전 노태우 정부 시절 때보다도 더한 암흑기가 찾아왔다고 볼 수 있을 것 같아요.

> 12) 1990년 1월 22일, 여당이었던 민주정의당이 야당인 통일민주당, 신민주공화당과 합당해 거대 여당인 민주자유당을 출범시킨 것을 말하는데 3당 야합이라고도 한다.

지승호: 군사정권 시절보다 권력이 언론을 누르는 방식 자체는, 어떻게 보면 순화되었을 수 있지만, 언론 자체도 많이 변하지 않았습니까?

최승호: 박정희·전두환 정권 때보다야 순화되었죠. 그땐 언론인들을 중앙정보부나 안기부가 남산에 끌고 가서 매달고 그랬던 시대였으니까요. 그렇지만 언론사 내부의 자율성이나 KBS, MBC 같은 공영방송의 공정성은 노태우 정권 때보다 못한 상황이에요. 그럼에도 전체적인 언론 상황에 대해서는 다른 판단을 할 수도 있겠죠. 기술이 발달해서 인터넷 언론이라는 것이 많이 생겼고요. 트위터나 페이스북이 생겨서 개개인들도 언론을 할 수 있는 시대가 됐기 때문에, KBS, MBC가 그런 식으로 보도한다고 해서 전체 우리나라 언론 지형이 청와대가 원하는 데로 장악됐느냐, 그건 또 다른 면이 있을 거로 봅니다. 물론 지배적인 언론들이 다 청와대 통제하에 들어가서, 청와대가 원하는 쪽으로 보도하는 것은 사실이지만요. 그나마 지금은 어떤 새로운 사실을 알리려고 하면 길은 있단 말이죠. 그때는 그게 없었거든요. 인터넷 같은 게 없었으니까.

지승호: 지적하신 것처럼 그동안 권력이 대형 언론사를 장악했지만, SNS(사회관계망서비스) 등을 통해서 알 길이 생기다 보니까 불완전한 거예요. 국정원이 지난 대선 때 트위터 등에 댓글을 단 이유도 그래서인 것 같아요. 나머지 한쪽도 장악해야겠다고 생각했겠죠. 그동안은 SNS에서 진보 측이 우세했는데 보수들이 반격했구나 싶었는데, 알고 보니 반칙한 거더라고요. 어쨌든 보수정권이 들어서면서 우리나라 언론 환경이 계속 악화되고 있는 것은 사실이잖습니까? 돌파구를 열려고 〈뉴스타파〉 같은 방송도 생기는 걸 텐데요. 이런 언론 상황을 타개하려면 어떤 노력이 필요할까요?

최승호: 지금 공영방송 종사자들은 극단적인 싸움을 하고 나서 지쳐 떨어져 있는 상황이고요. 참 어려운 것 같은데, 그럼에도 혼자서 뭘 해볼 수 있는 상황이 아니니 동료들하고 어깨를 걸고, 같이 다시 한번 싸워보는 식으로 노력해야죠. 사회적으로는, 아까 말씀드린 것처럼 공영방송의 지배 구조를 바꾸는 노력을 해야 합니다. 국가 전체를

위해서도 특정 권력에 장악된 공영방송은 정말 해악이에요. 지금 국
정원 대선 개입 사건이 1년 이상 해결되지 않고 있는데요. 그 문제로
계속 국론 분열이 일어나고 있잖아요. 공영방송이 정확하게 제대로
보도했으면 지금처럼 일을 오랫동안 끌면서 국력을 낭비하는 양상으
로 가지 않았을 겁니다. 방송이 제자리에 있었으면 사실 대선 개입 사
건이 일어나지도 않았을 거예요. 방송이 망가지니까 어떤 문제든지
사회적인 의제가 쉽게 해결이 되지 않고, 지속적으로 논쟁만 양산되
는 상황이 계속되는 겁니다. MBC, KBS의 신뢰도가 높았을 때는 달
랐습니다. 엄청난 영향력을 가진 공영방송에서 어떤 사안에 대해서
성격을 규정하고 사실을 전달하면 대책도 나오고, 해결이 됩니다.

정권이 아닌 약자의 편에서

지승호: 언론인으로서 궁극적인 지향점이라든지, 이런 세상을 바란
다, 이런 것이 있으신가요? 보도라는 행위 자체가, 어떤 사안에 대한
관점이나 세계관의 반영일 수도 있을 텐데요.

최승호: 제가 어떤 바람직한 세계의 상을 그리고, 그런 세계를 지향
하는 보도를 한다, 이런 것은 아닌 것 같아요. 다만 이건 아니다, 하
는 걸 짚어내는 거예요. 우리 사회에 그런 것들이 워낙 많잖아요. 국
정원도 그렇고, 4대강 사업이라는 것도 그렇고. 물론 어떤 사안에 대
해 보도할 때 제가 바람직하다고 생각하는 어떤 가치가 있을 수는 있
어요. 그러나 체계를 이룰 만한 어떤 이념 같은 건 없는 것 같습니다.

지승호: 한국 사회는 늘 '너는 어느 편이냐?' 하고 묻지 않습니까?
'진보냐, 보수냐?'라고요. 그런 진영논리에서 벗어나 진보적이라고

평가받는 정권에서도 '이 부분에는 문제가 있다'고 사실관계를 따지는 일을 해오신 건데요. 그래서 양쪽에서 모두 공격을 당해온 면이 있으신 것 같습니다.

> **최승호**: 대체로 저는 한국의 보수가 보여온 많은 문제점들에 대해서 심각하다고 생각해요. 그러니 진보 쪽이 낫다고 판단하는 거겠죠. 그렇지만 사실 진보도 문제가 많습니다. 분명한 것은 진보와 보수를 떠나서 우리 사회가 조금 더 약자한테도 열리고, 지금보다도 더 평등한 사회로 가야 한다. 약자들이 더 많은 권리를 가질 수 있는, 희망을 가질 수 있는 사회로 가야 한다는 사실입니다. 거기서 시작하는 거죠. 언론이 약자들의 이야기에 더 많이 귀 기울여야 한다고 생각합니다.

지승호: 앞으로 계획은 어떠세요. 〈뉴스타파〉에서 새롭게 기획하고 있는 게 있나요?

> **최승호**: 천안함 사건을 취재하고 있는데요. 언제 방송할지는 모르겠네요.

지승호: 꽤 많은 사람들이 의혹은 갖고, 관련 기사들도 꽤 있는데요. 문제는 그 얘기를 꺼내면 "종북이냐?" 하며 윽박지르는 분위기 아닙니까?

> **최승호**: 보수세력과 집권세력이 북한의 소행으로 밝혀졌지 않느냐, 의문을 제기하는 세력은 대한민국 적대 세력이다. 이런 식으로 몰고 가는 부분은 정당하지가 않죠. 진실은 강요하는 것이 아닙니다. 천안함 사건은 아직 풀리지 않은 의문점들이 남아 있습니다. 밝혀야 할 사건이지, 결론이 난 사건은 아니에요. 그런 차원에서 관심을 가지고 있는 거죠.

지승호: MBC 안광한 사장 체제는 어떻게 보십니까? 변화의 가능성
이 있을까요?

최승호: 큰 기대 안 합니다. 〈PD수첩〉 제작진을 징계하는 모습에서
보이듯이 정권의 '꼬붕' 역할을 하겠다고 선언한 사람이잖아요. 의
미 있는 변화가 있을 거로 보지 않습니다.

지승호: 최 피디의 동기인 이진숙 보도본부장 같은 경우 MBC 사
장 후보에도 올랐는데요. 굉장히 공격적으로 회사 입장을 대변하고,
TV조선 같은 데 출연해서 노조원에 대한 사측의 징계를 옹호합니다.
언급을 피하는 다른 사람들과 달리 매우 적극적인데요. 많은 사람이
이분을 훌륭한 기자로 기억하고 있는데, 최근의 행보를 보면서 어떤
생각이 드시나요?

최승호: 출세하고 싶어서 그런 걸 겁니다. 그거 말고는 이유가 있을
수가 없죠. 국장, 본부장을 역임했으면, 지난번에 사장도 지원했지만
앞으로 잘하면 사장이 될 수도 있겠죠. 그런 것들이 자기한테는 큰
거예요. 언론인으로서, 저널리스트로서 좋은 보도를 많이 한다, 이런
평가를 받는 것보다는.

지승호: 사장 이력이 더 낫다는 거죠?

최승호: 그런 거죠.

지승호: 야구 선수로 치면, 반칙을 해도 기록은 영원하다, 어쨌거나
그해 수위 타자(타율이 가장 높은 선수)였다, 이런 평가를 바란다는 건가
요?

최승호: 조금 경우가 다릅니다. 수위 타자라는 건 한두 번 반칙한다

고 해서 되는 게 아니잖아요. 피눈물 나는 노력과 재능이 있어야 하죠. MBC 사장이나 본부장은 그러지 않아도 됩니다. 대신 동료를 배신하는 비정함, 권력에 아부하는 능력, 이런 게 필요한 거죠.

지승호: 얼굴에 철판도 좀 깔아야죠.

최승호: 권력이 요구하는 데로 MBC를 망치겠다, 그럴 수 있다는 자신감을 보여주고자 하는 노력, 이런 것이 있어야 해요.

지승호: 그런 분들에 대한 역사적인 평가도 역사적인 평가지만, 회사에 끼친 피해는 어떻게 해야 하나요? 경영자가 자기 회사 돈을 횡령해도 처벌을 받지 않습니까? 똑같은 상황일 텐데요. 자기의 영달을 위해서 회사를 망친 거니까요.

최승호: 노조에서 김재철 사장을 배임 혐의로 고소했잖아요. 검찰이 약식기소하고 벌금 1100만 원으로 끝났습니다. 법인카드의 불법 사용 등에 관해서는 모두 무혐의 처리됐지요. 검찰이 권력의 입맛대로 움직이는 상황에서는 제대로 단죄하기가 어려워요.

검사와 스폰서

지승호: 〈PD수첩〉에서도 '검사와 스폰서' 편을 통해 검사들의 비리 같은 문제도 집요하게 취재하시고, 지속적으로 다루셨는데요.[13] 검찰 개혁이 가능하다고 보십니까?

최승호: 권력이 바뀌면 국민이 힘을 모아서 바꿀 수 있죠. 개혁할 수

있습니다.

지승호: 프로그램이 방영되자 파장이 상당했는데요. 사회적으로 비판 여론이 일자 특검이 실시됐지만 결국 '스폰서 검사'들 대부분 무혐의 처리되잖아요. 그 과정에서 불성실한 수사가 도마 위에 올랐습니다. 멀쩡히 있는 룸살롱이 없어져서 수사를 못 한다고 했다는데, 자기 식구 감싸기라는 비판이 거셌습니다. 매사에 그런 식이니 검사 관련 사건은 차라리 피디분들이 수사하는 게 낫지 않을까요. (웃음)

최승호: '검사와 스폰서' 이후에 벌어진 일련의 사태는 검사들한테 절대로 검사들을 수사하거나 조사하는 역할을 맡겨서는 안 된다는 것을 보여준 겁니다. 하다못해 경찰이 검찰을 수사할 수 있도록 법적으로 확실하게 보장해도, 지금과 같은 상황은 극복할 수도 있을 거로 생각해요. 지금은 검사가 모든 것을 다 쥐고 있잖아요. 수사를 지휘할 수 있고, 종결할 수도 있고, 기소를 하는 것도 자기네들 마음대로입니다. 팔이 안으로 굽을 수밖에 없잖아요. 있는 것도 없는 것으로 만들어버립니다. 그래도 보는 눈이 있으니 하는 시늉만 합니다. 체면치레 정도로만 해요. '검사와 스폰서'만 해도 많은 분들이 주목했었는데요. 당시 박기준 부산지검장만 면직시켜요. 기소도 못 한 채로 말이죠. 아무런 법적 책임도 묻지 않습니다. 지금 변호사 잘하고 있어요. 그 사건에 연루된 다른 검사들도 대체로 그래요.

검사들이 성접대를 받았다고 제보자가 일관되게 주장을 했으면 사실관계를 따져 봐야죠. 여러 근거들이 있는데도 기소하지 않습니다. 수사 의지가 없었다고 봐야 해요. 같이 '2차'를 나갔다는 룸살롱 아가씨의 증언도 있었잖아요. 그런데 이분들이 얼마나 신분이 취약한 사람입니까. 성매매방지 특별법 같은 거에 바로 걸리거든요. 잘 설득해도 진실을 밝힐까 말까 한데 검찰에서 과연 그런 노력을 했을까요? 절대 아니라고 봅니다. 룸살롱이 사라졌다고요? 뻔히 영업을 하고 있고, 인터넷으로 치면 바로 주소가 나오는데도, 검찰은 거기에 대해서 '이미 없어졌음'이라고 결론 내립니다. 그래서 수사를 못 했고 따라서 그 부분에 대해서 밝히지는 못했음, 이런 식으로 수사하거든요. 아무도 견제하지 못하는 무소불위의 권력을 가진 검찰 조직입니다. 게다가 자기 식구들이 저지른 죄에 대해서는 눈을 감아요. 그러니 검사들이 뭘 못 하겠어요.

역대 최고의 뇌물을 받았다고 알려진 김광준 부장검사 사건이라든지 성폭행했다는 검사, 눈뜨고는 볼 수 없는 사안들이 계속 발생하는데요. 이걸 아무도 말리지 못합니다. 저는 '검사와 스폰서' 사건이 터졌을 때 검찰이 정신을 차렸다면 달라졌을 거로 생각해요. 스스로 자기 문제를 해결하려는 노력을 진정성 있게 했다면, 조직 내부 문화를 바꾸려 노력했다면 지금과 같은 상황은 일어나지 않았을 거예요. 하지만 그러지 않았죠. 지금도 검찰은 개혁 의지가 없는 조직이라고 생각합니다. 불가능한 거죠. 권력의 달콤함에 젖어 있는 조직이기에 자기 개혁이란 상상하기도 힘든 일인 거 같아요. 결국은 외부에서 그 조직을 개혁해야 합니다.

검찰 조직을 개혁하지 않으면 대한민국의 미래는 없습니다. 제대로 된 검찰이 부패 문제를 척결할 수 있어야 대한민국 사회가 발전하는 거거든요. 부패가 없어져야 가난한 사람들이 부당한 대우를 받지 않고, 공정한 경쟁을 할 수 있습니다. 힘 있는 사람, 힘 있는 조직이 공정한 경쟁의 룰을 적용받지 않고, 자기 개인 혹은 조직의 이익을 위해서 부당한 권력을 행사하면서 만들어내는 게 결국은 부정부

패거든요. 그만큼 가난한 사람들, 권력이 없는 사람들이 피해를 봅니다. 원래는 그런 것들을 바로 잡는 데 검찰이 역할을 해야 하는 거예요. 그러려면 검찰 자체가 공정하고 깨끗해야 합니다. 걸레가 깨끗해야 더러운 것을 닦아낼 수 있잖아요. 온갖 먼지가 다 묻어 있고, 곰팡이가 피어 있는 걸레로 닦아본들 닦입니까? 오히려 더 더러워집니다.

지승호: 국민적인 우려도 커서 2012년 대선 때 모든 후보들이 검찰 개혁을 공약으로 내세웠었죠. 앞으로 검찰 개혁을 어떻게 해나가야 한다고 생각하세요?

최승호: 상설 특검 정도로는 불가능합니다. 특검이라는 것은 사실상 검찰이 하는 수사예요. 검찰에서 검사와 수사관이 배속되는 체제라서 사실상 검찰의 이해를 대변하고 관철시킬 수 밖에 없습니다. '공직자비리 수사처'라든지 다른 여러 가지 대안을 생각해야 합니다. 그건 전문가들이 토론해야 할 문제 같고요. 결국은 권력의 의지가 문제겠죠. 대통령이 검찰을 이용하지 않고, 검찰을 거듭나게 하고자 하는 의지가 있으면 돼요. 대한민국 사회에서 앞으로 다시는 검찰이 부당한 권력을 행사하지 않게 거듭나게 하겠다는 강력한 의지로 시스템을 근본적으로 뜯어고치면 됩니다. 그런데 막상 대통령이 되면 누구나 검찰을 이용하고 싶은 유혹을 느낀단 말이죠. 노무현 전 대통령의 경우만 예외였죠. 외려 너무 놔둬 버려서 결국 검찰에 뒤통수를 맞고, 개혁도 제대로 하지 못했는데요. 검찰을 이용하지 않고, 개혁을 확실히 할 수 있는 그런 집권자가 나와야 하지 않겠나 하고 생각합니다.

지승호: '검사와 스폰서' 방송 당시 박기준 당시 부산지검장이 측면으로도 경고해왔다고 밝혔는데요.

최승호: 그 당시 MBC 출신의 모 방송사 사장이 저한테 직접 전화한

것은 아니었고, 후배 피디한테 한 얘기를 제가 전해 들었죠. 당시에
는 별거 아니라고 생각해서 크게 염두에 두지는 않았습니다. 그런데
박기준 지검장과 전화 통화를 하는 과정에서 본인이 강압적으로 얘
기하는 바람에 시청자들이 분노하게 된 거죠.

지승호: 〈PD수첩〉이라는 프로그램을 잘 몰랐나 봅니다. 그러면 겁
먹을 줄 알았나 봐요. 외려 '아, 이분이 문제가 있는 분이구나.' 하는
생각으로 더 파헤칠 텐데. (웃음)

　　　　최승호: 그렇죠.

권위보다 자유를 택한 이유

지승호: 언론이 살아나야 우리 사회가 건강해질 텐데요. 〈뉴스타파〉
도 그렇지만, 우리에게 남은 희망이란 어떤 걸까요? 지금도 7, 80년
대에나 벌어졌음 직한 일들이 버젓이 일어나고 있지요. 국정원 간첩
조작 사건이 대표적이죠. 이런 흐름을 정상적으로 만들려면 어떻게
해야 할까요? 희망이 있을까요?

　　　　최승호: 정확히는 잘 모르겠지만 〈뉴스타파〉라도 잘 꾸려서 사회가
　　　　더 퇴보하는 것을 어떻게든 견제하고 막아보자, 그런 생각들을 하고
　　　　있습니다.

지승호: 언젠가 사회 각 부문에서 사람들이 피로감을 많이 느낀다고
하셨고요. 실제로 투쟁을 많이 하신 분들은 피로감을 더 느끼고 있는
데요. 계속 열정적으로 일할 수 있는 에너지나 원동력은 무엇인가요?

최승호: 저는 즐거워요. (웃음) 남들은 되게 힘들 거로 보는데 그렇지 않습니다. 사람들이 잘못 생각하는 거예요. 제가 직접 하는 일이 많기는 해요. 장비도 나르고 운전도 직접 합니다. 프리뷰(예고편)도 직접 하죠. 이런 얘기를 들으면 어떤 분들은 '나이 들어서 진짜 힘들겠다', 그래요. 그런데 정말 안 힘들다니까요. (웃음) 만약에 제가 MBC에 남아 있었다면 안광한 사장이 아무것도 못 하게 했겠죠. 손발 다 묶어놓고, 감옥에 갇힌 것과 다름없는 신세였을 거예요. 그러면 정말 힘들었을 겁니다. 지금은 자유롭게, 무엇이든지 다 할 수 있는데, 뭐가 힘들어요.

지승호: 그런 면에서 후배들에게 좋은 모델이라는 생각이 듭니다. 몇십 년 차이 나는 후배 사진기자의 카메라 트라이포드(삼각대)를 메고 가는 사진이 페이스북에 올라와서 많은 사람이 감동했는데요. 당연할 수도 있는 건데, 그동안 한국 사회에서 그런 모습들을 많이 못 봤기 때문인 거 같습니다. 언론계가 군기가 세잖아요. 선후배 관계가 확실한데, 대선배가 짐꾼 노릇을 하니 아는 사람이 보면 얼마나 놀랍겠어요. 대부분은 마음이 있어도 그렇게 못 하죠. 군대에서도 신참한테 잘해주고 싶어도 눈치가 보여서 그렇게 못 하잖아요. 좋은 의미에서의 권위를 갖고 계시지만, 후배들을 대할 때는 그런 게 없으신 것 같은데요.

최승호: 권위 의식을 가지면 나이 들어서 퇴물이 될 수밖에 없어요. 그걸 알아야 합니다. '내 경험이 몇십 년인데, 나한테 감히 이럴 수가 있어, 나는 특별한 대우를 받아야 해, 내 나이만큼, 몇십 년 일한 만큼 대접해줘야 해, 그렇지 않으면 나한테 잘못하는 거야, 나는 그런 상황을 견딜 수 없어', 그런 식으로 생각하면 힘들어요. 대접만 받으려 들면 후배들이 어떻게 같이 일을 할 수 있겠어요. 함께 호흡하는 것이 굉장히 중요합니다. 후배들이 부담을 느끼지 않도록. 물론 선배로서 후배를 가르치고 정확한 방향으로 이끌어야 할 책임도 있지만,

그렇다고 통제나 가르침의 대상으로 봐서는 곤란해요. 선배이기 전에 함께 일하는 동료잖아요. 동료로서 카메라 기자가 카메라를 들면 취재하는 사람은 트라이포드를 드는 게 당연하죠.

방송은 각자 역할분담이 잘 이루어져야 해요. 큰 방송사 같은 경우는 보통 취재 나갈 때 세 사람이 함께 갑니다. 카메라맨, 오디오맨, 기자가 나가고요. 피디가 나가면 조연출도 따라가요. 그렇게 되면 트라이포드는 조연출이나 오디오맨이 들 수도 있죠. 당연히 그 역할을 나눠서 해야 하는 거예요. 그건 나이하고 아무 관계가 없는 겁니다. 한국 사회가 권위의식이 강하기는 하죠. 전반적으로 그래요. 저도 자유로울 수 없다는 걸 압니다. 내 나이에 맞지 않는 대접을 받고 있다고 느끼면 언뜻 기분이 나빠집니다. 그럴 때마다 '나도 천상 속물이구나.' 하는 생각이 들어요. 안 그러려고 의도적으로 노력하다 보면 좀 극복이 되기도 하고, 그럼 후배들도 편하게 느끼죠. 그게 결국은 자기 자신을 위해서도 좋은 거예요. 미국 CBS의 〈60minutes〉라는 탐사 프로그램을 보면 60대 이상 70대, 80대 기자도 있어요. 그때까지도 후배들과 즐겁게 어울려 일할 수 있다면 얼마나 좋아요. 그러려면 가장 먼저 버려야 하는 게 권위의식입니다.

지승호: 〈PD수첩〉 팀을 비롯해서 한학수 피디처럼 탁월한 취재 능력을 가진 분들이 MBC에서 아무것도 못하는 상황인데요. 이게 개인의 손실이기도 하지만, 사회적인 손실이기도 할 텐데요.

최승호: 지금 당장은 방법이 없지요. 어쩌겠어요. 회사에서 그 사람들을 절대로 취재를 못 하게 하겠다는데. 조직 내부에 있는 한 방법이 없는 거예요.

지승호: 그러면 〈뉴스타파〉에서 불러서 일할 수도 있지 않을까요.

최승호: 그 선택이 쉽지는 않죠. 우리 김경래 기자처럼 '젖과 꿀이

흐르는' KBS를 버리고, 〈뉴스타파〉로 오는 결정을 하는 분도 있지만, 보통 그러기가 어렵습니다. 〈뉴스타파〉가 돈이 많아서 능력 있는 분들을 스카우트할 수 있으면 좋지만, 재원도 한정적이고 하다 보니 어렵습니다.

지승호: 한직에서 취재 활동도 안 하고 몇 년을 지내다 보면 녹슬거나 하지는 않을까요?

최승호: 아무래도 어려울 겁니다.

지승호: 잠깐 노조 일이나 다른 일을 하시다가 다시 취재 일을 하시는 분들도 계시잖아요.

최승호 : 나이가 들면 들수록 엉덩이가 무거워져요. 우리나라는 외국처럼 언론의 역사가 깊은 나라에 비해 저널리스트로서의 직업윤리가 약합니다. 편한 일을 찾게 되죠. 미국 같은 경우 머리가 허연 사람들이 경찰서 출입을 하기도 하는데, 얼마나 취재가 쉽겠어요. 거기 경찰들, 형사들, 수십 년 동안 알고 지낸 사람들인데. 우리는 체면상 그렇게 못 하는 거죠.

지승호: 이명박 대통령 퇴임식 때도 말씀하셨지만, "언론이 묻는 것을 막으면 정권도 안 좋고, 국가와 국민 전체에게 안 좋다"는 소신을 갖고 계신데요. 〈뉴스타파〉에 합류하면서도 "이명박 정부가 파탄 난 가장 큰 이유는 언론을 장악해 견제받지 않았기 때문이다. 해직 언론인으로서 박근혜 정부가 MB 정부의 전철을 밟지 않도록 견제하는데 최선을 다하겠다"고 하셨습니다. 앞으로 언론인으로서 구체적으로 어떻게 활동하실 계획인가요?

최승호: 그동안 해온 것과 비슷합니다. 박근혜 정부에는 다른 언론에

서 다루지 않는 성역이 많기 때문에 〈뉴스타파〉에서 그걸 깨는 작업을 계속해야죠. 그래서 우리 사회가 후퇴하는 것을 최대한 막는 역할을 해야겠죠. 국정원이랄지, 이런 부분에 있어서는 〈뉴스타파〉가 견제 역할을 상당히 해온 것은 사실이고요. 다른 영역에서도 그럴 수 있도록 노력 중입니다. 경제라든지, 국가 정책적인 부분, 예컨대 예산 문제 같은 것도 공들여 분석하면서 상당히 열심히 취재해왔어요. 이런 식으로 계속 분야를 넓혀가다 보면 결과가 있지 않을까 생각합니다.

지승호: 훗날 후배들이 어떤 언론인으로 기억해주기 바라세요?

최승호: 아직 한창인데요, 뭐. (웃음) 그저 앞으로도 계속 언론인으로서 일할 수 있기를 바랄 뿐입니다.

지승호: 개인적으로 다른 계획은 없습니까? 여행을 간다든지, 연극을 다시 하고 싶다든지. (웃음)

최승호: 작년부터 스킨 스쿠버를 배우고 있어요. 맑은 바다에 가서 바다 속 물고기들이랑 놀아보는 것이 올해의 소박한 꿈이고, 그렇습니다. 며칠이라도 그럴 여유가 있어야 하는데 계속 사건이 터지니까, 가능할지 모르겠네요.

지승호: 〈뉴스타파〉 팀워크는 어떤가요?

최승호: 굉장히 좋아요. 한국에 이런 집단이 없잖아요. 탐사보도를 해온 전문가들이 모여 있는 곳이고요. 하지만 기술이나 전문성이 전부는 아니에요. 중요한 것은 '스킬'(skill)이 아니라 '마인드'(mind)입니다. 세상의 어떤 잘못을 고치고, 사회가 조금이라도 나아졌으면 하는 바람을 공유하는 사람들이 같은 공간에 모여서 서로 이야기하고 도와가면서 일한다는 것은 굉장한 축복입니다.

〈뉴스타파〉도 조직이다 보니 갈등이 없을 수는 없겠지만, 제가 보기엔 잘 지내고 있다고 생각해요. 바람직한 보도를 어떻게 할지, 거기에만 초점을 맞춰서 일하니까요. 아무리 작은 조직이라도 부서가 있고, 부서가 있으면 조직 간의 벽이 있고, 시기·질투가 있고, 웃고 지내다가도 술자리에 앉으면 서로 '뒷담화'도 합니다. 그런데 여기는 그런 게 없어요. 그전에 있던 조직에서 그런 조직의 문제점에 넌더리를 내던 사람들이 모였으니까요. 굉장한 장점이죠.

어둠 속에서 우리는 전진한다

지승호 : 김용진 대표와 최승호 피디의 만남은 정말 '전설의 결합'이라는 느낌이 드는데요. 두 분이 걸어오신 길은 약간 다르지 않습니까? 서로 배우는 부분도 많을 것 같은데요.

최승호 : 김용진 대표는 KBS의 전설적인 탐사보도 팀을 만든 분이고, 그때 어마어마한 보도를 많이 했죠. 저는 MBC에서 황우석 사태를 보도하고 그럴 때였는데요. MBC에서는 〈PD수첩〉이 날리고, KBS에서는 탐사보도 팀이 날리고 그랬습니다. 서로 경쟁하면서 좋은 보도를 많이 했습니다. 동시대 언론인으로서 존경하는 분이었죠. 저한테 〈뉴스타파〉로 오라고 제안한 사람도 김용진 대표였어요. 저야 굉장히 기쁘게 받아들였죠. 서로 잘 맞아요. 모든 면에서. 김용진 대표는 옆에서 보면 집중력이 대단한 분이에요. 원칙에 대한 철저함이 꼭 조선시대 대선비의 환생을 보는 것 같은 분이죠.

지승호 : 〈뉴스타파〉에도 여러 가지 열악한 부분들이 있을 텐데요. 어떤 부분들이 좀 더 갖춰졌으면 하시나요?

최승호: 인원을 좀 더 확충하고 싶죠. 그러면 뉴스를 더 자주할 수가 있습니다. 더 많은 것을 다룰 수 있고, 더 많은 영역을 견제할 수 있겠죠. 〈뉴스타파〉가 매일 뉴스를 할 수 있는 상태가 되면 상당한 분야를 커버할 수 있을 겁니다. 굉장히 많은 탐사보도를 하겠죠. 그만큼 우리 사회가 좋아질 수 있으리라고 생각합니다. 지금은 우리 인원을 풀 가동해서 일주일에 두 번 방송을 하거든요. 이걸로는 좀 모자라죠.

지승호: 산술적으로 보면 지금 인력의 세 배 정도가 있어야 하는 건가요?

최승호: 세 배까지는 아니더라도 최소한 두 배는 돼야겠죠. 시너지 효과라는 게 있어도 그 정도는 되어야 하지 않을까 싶습니다. 그러려면 후원자들이 좀 더 늘어야겠죠.

지승호: 후원자도 두 배 정도 늘어야 하는 건가요?

최승호: 지금보다는 많아야겠죠. 그렇다고 해서 우리가 후원을 해주십사 하고 캠페인을 벌이거나 하진 않아요. 프로그램 끝에다가 후원자 숫자를 밝히는 정도만 하고 있습니다.

지승호: 쑥스러워서 그런 건가요? 공격적으로 할 필요도 있지 않나요? 〈오마이뉴스〉가 '10만인 클럽'을 만드는 것처럼. (웃음)

최승호: 좀 미안하잖아요. 도와주십시오, 하는 것이. 김 대표도 그렇고, 저도 그렇고, 여기 있는 사람들이 그런 것을 잘 못하는 사람들이에요. 그래도 다행인 게 지금껏 많은 분들이 자발적으로 성원해주고 있습니다. 특히 대선 직후에 '멘붕' 상태가 왔을 때 많은 분이 후원해주셨어요.

지승호: 마지막으로 하시고 싶은 말씀 부탁드립니다.

최승호: 우리 사회가 점점 어려워지고 있는 것 같고, 그 안에서 사람들이 희망을 못 느끼는 것 같아요. 대통령 지지율은 60퍼센트를 넘는다고 하는데, 사람들이 느끼는 희망은 급속하게 줄어드는 것 같고요. 사회가 이렇게 된 데에는 언론의 탓이 큽니다. 방송이 완전히 권력에 장악되고, 방송사에 있는 피디나 기자, 이런 사람들이 제 역할을 못하는 상황이잖아요. 특정 보도를 못 한다는 차원이 아니라, 우리 사회가 나아지기 위해 필요한 것들에 대해 자기의 시각, 생각, 사고를 반영해서 어떤 프로그램이나 작품을 만들어낼 수 없다는 겁니다. 그러다 보니 피디들이 자기 생각이 아니라 윗사람을 의식해서 프로그램을 만드는 거예요. 철저하게 통제된 시대가 된 거죠. 제가 생각할 때 상당수 프로그램들이, 예를 들어 노무현 정부 시절과 비교해보면 진취성이나 창의성에서 틀림없이 후퇴했을 거로 생각합니다. 당연히 시청자들의 욕구를 충족시키기가 어렵죠. 종편이 등장하고, 채널은 늘었지만 볼 게 없는 거예요.

방송이 사람들의 생각을 편협하게 만들고 있습니다. 종편의 경우는 극단적인 사고방식을 가진 사람들이 나와서 저주에 가까운, 말하자면 우리 사회의 절반을 적으로 만드는 코멘트를 일상적으로 내보내요. 정말 걱정스럽고, 어떤 식으로든 우리가 이것을 극복하지 않으면 미래가 과연 있겠는가, 하는 생각을 하게 됩니다. 나는 대한민국이 해방 이후에 여러 가지 우여곡절이 있었지만, 끊임없이 전진해왔다고 믿고 있습니다. 우리 역사 속에는 박정희 대통령의 몫도 있는 것이고, 김대중 대통령의 몫도 있는 것이고, 노무현 대통령의 몫도 있는 것이고, 심지어는 전두환 대통령 같은 사람들의 몫도 있었다고 생각해요. 북한이라는 반쪽은 그러지 못했지만 우리는 그 모든 과정을 거치면서 발전해왔다고요.

박정희에서 전두환으로 간 것은 비록 발전이라고 할 수 없더라도, 그 안에서 민주화의 불씨들이 만들어졌고요. 독재 타도가 이루어지고, 역사적인 대전환이 이루어졌지요. 수많은 희생으로 얻은 직선제로 노태우가 대통령에 당선되면서 엉뚱한 사람 좋은 일 시켰던 것 같지만, 그 시절에도 진보는 있었습니다. 노태우 대통령 시대에 북방정책으로 중국, 러시아와 수교하고, 북한하고도 관계를 여는 등등의 조치들이 이루어지잖아요. 그리고 김영삼 시대에는 수십 년 묵은 군사독재 체제의 문제점들을 해소하려는 노력들이 있었죠. 뒤이어 우리는 김대중·노무현 두 민주 정권을 경험했습니다. 그러나 안타깝게도 지금 우리는 완전히 과거로 돌아가는, 10년을 보내고 있는 상황이에요. 이것이 앞으로 반복된다면, 지금처럼 극단적인, 보수도 아니고, 극우라고 생각되는 세력에 의한 장기 집권 상태가 된다면 희망은 사라지고 우리 사회는 매우 불행해질 겁니다. 어떻게든 극복을 해야죠. 정권 교체를 위해 노력하겠다는 얘기가 아닙니다. 언론인으로서 우리 사회가 최악의 상태로 가는 것을 어떻게든 막아야겠다는 생각입니다.

지승호: 언론인으로서 열심히 싸우시겠다는 말씀이군요. 각자의 자리에서 최선을 다하시는 그런 분들이야말로 우리가 역사에서 후퇴하지 않게, 희망을 가질 수 있게 해주는 것 같습니다. 〈뉴스타파〉의 건투를 빕니다. 오늘 좋은 말씀 감사합니다.

언론 자유가 나라를 살린다

– 세월호 참사와 공영언론

이 글을 쓰는 지금 KBS는 파업 중이다. 지방선거를 하루 앞둔 상황에서 KBS의 보도, 토론 프로그램들은 모두 '올스톱' 상태다. 사람들은 KBS가 없어졌다는 데 대해서 그다지 괘념치 않는 것으로 보인다. 페이스북이나 트위터에서 '공영방송을 살려야 한다'는 이야기를 하면 으레 '안 본 지 오래'라거나 심지어 'KBS, MBC는 망해야 한다'는 댓글을 다는 분들이 꽤 있다. 그만큼 공영방송에 대한 국민들의 정서가 분노를 넘어 경멸 수준까지 가 있다는 것을 보여준다. 까짓 거 마음에 안 들면 버려도 되는 존재들이라면 그래도 좋을 것이다. 문제는 그렇지 않다는 데 있다.

공영방송의 힘은 아직도 매우 크다. 2013년 2월 문화부의 여론 집중도 조사 위원회가 조사한 결과를 보면 KBS 계열의 여론 집중도가 29퍼센트나 된다. MBC 계열은 10.7퍼센트다. 〈연합뉴스〉, YTN 등 정부가 사실상 통제하는 공영언론을 합치면 여론 집중도는 44퍼센트나 된다. 반면 〈조선일보〉와 TV조선 등 〈조선일보〉 계열을 합친 여론 집중도는 7퍼센트다. 조중동(조선·중앙·동아)을 다 더하면 18퍼센트다. 공영언론 44퍼센트 대 조중동 18퍼센트인 것이다. JTBC는 요즘 오히려 진보적인 시민들의 지지를 받고 있는 형편이고, 〈중앙일보〉도 덩달아 과거의 조중동 프레임에서 살짝 비켜나고 있는 상황이니 조선·동아만을 따진다면 그 힘은 KBS, MBC 등 공영언론에 비하면 무시해도 좋을 정도라고 볼 수 있다. 문제는 조선·동아의 힘이 크기 때문이 아니라 공영언론들이 조선·동아의 목소리를 키워 전달하는 확성기 노릇을 하고 있기 때문에 생긴다.

정부가 무려 44퍼센트의 영향력을 자랑하는 공영언론을 잡고 있고, 사사건건 역성을 드는 조선·동아 등 이른바 족벌언론의 비호를 받게 되면 사회 곳곳에서 불거지는 국정 운영의 문제들이 실제보다 축소돼 전달될 수밖에 없다. 그러니 제기되는 문제점에 대해 시의성 있는 처방이 나올 수 없고 웬만한 문제는 무시하고 지나가버리게 된다. 특히 세월호 참사처럼 긴급하게 국가의 자원을 총

동원하는 대응을 요구하는 사태가 생겼을 때 이러한 언론 장악 체제는 사태에 대한 제대로 된 대응을 불가능하게 한다. 정부에 장악된 언론들은 어떤 일이 일어나건 혹시라도 정부 책임론을 자극하지 않을까 전전긍긍해서 심각한 문제도 잘 해결될 것처럼 무책임한 낙관론을 퍼뜨리기 쉽기 때문이다.

4월 16일 오전, 아이들이 속수무책으로 수장되고 있을 때 언론들은 '단원고 학생 전원 구조'라며 구조작업의 맥을 풀어놓았다. '전원 구조' 오보를 맨 처음 한 것은 MBC였다. 게다가 MBC는 사고 현장에 나가 있는 목포 MBC 기자들이 '배 안에 사람이 많다'는 보고를 네 차례나 했는데도 오보를 했다. 현장에서 눈과 귀로 확인한 기자들을 믿지 않고 미확인 정보를 그대로 방송한 것이다. 나는 이 실수가 MBC 편집 간부들의 기본적인 시각을 보여준다고 생각한다. 있을지 모르는 희생을 막아야 한다는 언론의 기본 자세에서 생각하면 배 안에 아이들이 남아 있다는 목포 MBC 기자들의 보고는 반드시 확인해야 할 중요한 뉴스다. 그러나 MBC 편집 간부들에게는 그 보고보다 '아이들을 다 구했다'는 미확인 정보가 훨씬 더 정부에 안전하고, 따라서 전할 만한 뉴스였을 것이다. 이런 방송들은 정부의 대처를 안이하게 만들고 역으로 정부의 안이함은 다시 언론에 영향을 미쳤을 것이다. 박근혜 대통령이 아이들이 바다에 가라앉은 지 오래인 상황에 정부 재난대책본부에 나타나 "구명조끼를 다 입었다는데 아이들을 찾기가 힘드냐?"고 물은 것은 정부와 언론의 실패를 상징한다.

아이들이 바닷속으로 완전히 가라앉은 뒤 공영언론들은 '정부가 사상 최대의 구조 작전을 벌이고 있다'고 '관습적으로' 보도했다. 아마도 공영언론의 누구도 구조 현장에 접근해 실제 구조 작업이 어떻게 이뤄지고 있는지 취재하지도 않았겠지만, 정부 발표에 의존해 그런 보도를 했다. 그러나 그 '구라'는 더는 먹혀들지 않았다. 세월호에 갇힌 아이들의 부모들은 본능적으로 자기 새끼들을 죽이고 있는 것이 정부와 언론이라는 것을 알아차린 것 같았다. 부모들은 정부가 '조명탄으로 밤바다를 밝히며 구조 작업에 최선을 다하고 있다'고 발표한 뒤 구조 현장을 찾아 조명탄은커녕 칠흑처럼 어두운 밤바다를 찍어 유튜브에 올렸다. KBS 아침 생방송에서 '간밤에 사상 최대의 구조 작전이 벌어졌다'고 정부 발표를 읊던 리포터는 새끼를 잃은 부모가 내뱉는 분노의 언어를 들어야 했다. 그 분노는 1980년 광주 시민들을 폭도로 몰아붙였던 MBC를 불태워버린 그 분노와 같은 것이었다.

그렇게 새끼들을 잃은 부모들은 누구보다 명징하게 대한민국 언론의 실패를 알아차렸고 행동했다. KBS 보도국장이 세월호 참사를 교통사고와 비교했을 때 부모들은 KBS로 갔고, KBS를 지배하고 있는 정권의 전령들이 사과할 마음이 없다는 것을 알았을 때 바로 청와대로 향했다. 자신의 집에 찾아온 유족들을 만나지 않고 오히려 "유족들의 주장은 사실이 아니다"는 뉴스를 내보낸 KBS 길환영 사장은 유족들이 청와대 앞에 앉고서야 나타났다. 그리곤 몇 시간 전까지 역성들던 보도국장을 비난하며 유족들에게 머리를 깊이 조아렸다. 그가 머리 조아린 대상이 유족이 아니라 박근혜 대통령이라는 것은 그때쯤 누구나 다 알게 되었다. 김시곤 KBS 보도국장은 길 사장의 사과 직전, 사퇴하면서 청와대와 길환영 사장의 보도 개입을 폭로했다. 정무 감각이 무딘 박준우 청와대 정무수석은 '청와대가 KBS에 부탁해 김시곤 국장 문제를 해결했다'고 그간 자신이 한 노력을 자랑스레 공개했다.

그것이 KBS 젊은 방송인들의 가슴에 불을 질렀다. 1980년 시민들이 광주 MBC에 던진 화염병처럼, 1987년 6월 항쟁의 시민들이 중계차에 던진 돌처럼 그렇지 않아도 아파 뒤척이던 그들의 양심을 깨워 일으켰다. 물론 KBS 인들의 싸움이 해피엔딩으로 끝나지는 않을 것이다. 집권세력이 KBS 이사회에 절대다수 지분을 가지게 되어 있는 지배 구조를 박대통령이 바꾸겠다고 할 리 없고, 따라서 길환영 사장이 나간다 해도 다음 사장은 또 박근혜의 사람이 될 것이다. 그러나 다음 사장은 길환영과는 다를 것이고 아마도 싸움의 치열함만큼 새로운 열린 공간도 생길 것이다.

며칠 전에는 2012년 MBC 노조의 170일 파업에 대한 형사재판이 있었다. 아침 9시부터 다음날 새벽 4시까지 계속된 재판에서 검찰은 노조의 업무방해를 주장했지만, 국민 배심원들은 6대 1로 무죄를 결정했다. MBC 노조가 1988년부터 십여 차례 벌여온 파업으로 걸렸던 형사재판에서 단 한 번도 피해가지 못했던 업무방해 혐의였다. 그러나 국민이 배심원으로 나선 이번에는 무죄가 주어졌다. 그 배심원 6명이 모두 진보 성향이어서 MBC 노조에 편향적이었다고는 누구도 말하지 못할 것이다. 무죄의 이유는 단 한 가지, 국민은 권력에 의해 공정방송이 짓밟힐 때 싸우는 방송인들을 원하기 때문이다. 그날 배심원들이 밤을 새우며 검찰과 변호인 양쪽 이야기를 들은 끝에 너무 당연히 판단한 것처럼, 세월호 희생자 가족들이 자식들의 죽음에 번개처럼 깨달은 것처럼 언젠가는 우리 국민이 모두 언론 자유가 나라를 살린다는 평범한 진리를 깨닫게 될 날이 있을 것이라고, 그래서 방송을 장악하려는 세력은 권력을 잡거나 유지하지 못하는 날이 올 것이라고 나는 믿는다.

최승호 드림